HELMAR RUDOLPH

ALLES.
EINFACH.
JETZT.

„Alles. Einfach. Jetzt. – Dein 24 Stunden Erfolgsbuch"

Helmar Rudolph

Design, Satz und Layout: Helmar Rudolph

Titelbild: Shutterstock (lizensiert)
Umschlaggestaltung: Helmar Rudolph
Foto Rückseite: (c) Marie Morbedadze

8. unveränderte Auflage, April 2019
ISBN-13: 978-3-945688-03-8

Inspired Mind ist ein Imprint der SüdOst Service GmbH
www.InspiredMind.com
© 2013-2019 JAH Holding, Inc.

Weitere Informationen und Unterstützung:
www.Alles-Einfach-Jetzt.de
www.MrMasterKey.com
www.facebook.com/mrmasterkey
www.twitter.com/mrmasterkey
www.youtube.com/mrmasterkey

Die deutsche Nationalbibliothek — CIP — Einheitsaufnahme
Die deutsche Nationalbibliothek verzeichnet diese Publikation in der Deutschen Nationalbibliografie; detaillierte Daten sind im Internet unter http://dnb.d-nb.de abrufbar.

Hinweis: Der Inhalt dieses Buches hilft Dir dabei, Dein wahres Potential nicht nur zu entdecken, sondern auch zu nutzen. Das Durcharbeiten des Buches ersetzt aber keine qualifizierte ärztliche oder therapeutische Beratung und Betreuung. Bei gesundheitlichen Störungen wende Dich bitte zuerst an einen qualifizierten Therapeuten.

INHALT

EINFÜHRUNG

Erfolgreich zu sein ist unser Geburtsrecht. Nur bringen wir Erfolg viel zu oft ausschließlich mit materiellem Reichtum in Verbindung. Wir achten zu wenig auf die vielen Erfolge, die wir jeden Tag allein dadurch erzielen, dass wir am Leben bleiben.

Der ausschließliche Blick aufs Finanzielle schränkt ein und hindert uns am Voranschreiten. Er hindert uns vor allem daran, sowohl Gesundheit und Partnerschaft als auch Moral und Ethik mit einzubinden. Dieses Buch schlägt die Brücke dazu und betrachtet Erfolg als etwas Ganzheitliches, das bereits in uns wohnt, jedoch ohne unsere Bewusstwerdung von uns nicht genutzt werden kann.

Mein Name ist Helmar Rudolph. Seit 2007 befasse ich mich intensiv mit dem „*Master Key System*" von Charles F. Haanel, einer Lehre zur bewussten Lebensgestaltung. Ich habe damals die erste deutsche Originalübersetzung angefertigt. Dieser habe ich eine Vielzahl von eigenen Produkten und Dienstleitungen folgen lassen. Ich „bin" Mr. Master Key.

Meine Erkenntnisse und Erfahrungen habe ich für dich in dieses Buch einfließen lassen. Ich möchte es Menschen wie dir so einfach wie möglich machen, ein Erfolgsbewusstsein zu entwickeln und es nachhaltig und nutzbringend einzusetzen.

Ich habe dieses Buch zwar für dich geschrieben, gleichzeitig aber auch für mich. Wir sind nicht voneinander getrennt. Mach dir das gleich von Beginn an klar. Lasse es tief einsinken und auf ewig dort verweilen, denn Trennung macht arm(selig).

Es ist eine nicht zu unterschätzende Hilfe in deinem Leben, zu erkennen, dass du immer in Einheit zu oder mit etwas bist – nie in Trennung. Nie. Also... NIE! Der bloße Akt der Beobachtung stellt bereits diese Verbindung her. So hat es der große Baumeister aller Welten gewollt, und Sein Wille geschehe. Amen.

Zu welchem Grad du diese Verbindung auslebst, d.h. wie du diese Verbindung bewertest und was du daraufhin denkst, fühlst oder tust, das liegt allein bei dir. Gedanken sind schließlich frei – und schöpferisch. Diese Freiheit hat zwar Grenzen, aber mit diesem Buch lernst du sie bedeutend auszuweiten. Genau da liegt der Erfolg, nach dem du dich sehnst. Ja, er liegt nun in deiner Hand! Gib Dank. Sei demütig!

Du kommst nicht umhin, deine Komfortzone zu verlassen und Neuland zu betreten. Die Schritte dorthin werden dir durch das in diesem Buch vermittelte Wissen vereinfacht – Alles. Einfach. Jetzt. Vor allem kannst du dich auf die Gesetze der Natur verlassen. Das gibt dir Gewissheit, Sicherheit, innere Ruhe sowie Mut und Zuversicht.

Bevor ich fortfahre, möchte ich dir die wichtigste Lektion in Bezug auf das Thema „Erfolg" mitteilen – jetzt, hier, gleich zu Beginn:

Wenn du wirklich erfolgreich sein möchtest, meinst es aber im Moment nicht zu sein, dann höre *un-bedingt* mit dem auf, was du jetzt tust oder denkst. Das hat dich nämlich an den Punkt geführt, wo du dich jetzt befindest.

Das gilt für Personen, mit denen du verkehrst, Informationen (TV, Radio, Zeitschriften, Internet), die du aufnimmst, oder Orte, an denen du dich gewöhnlich aufhältst. Triff dich mit anderen Menschen. Lasse aufbauende und bereichernde Informationen an dich heran. Höre auf, dorthin zu gehen, wo du bisher hingegangen bist. Natürlich ist das nicht absolut. Du weißt deine Diskretion schon einzusetzen.

Es gilt dabei eine einzige *Ein-schränkung:* Wenn du bereits mit *Bestimmt-heit ent-schieden* hast, *erfolg-reich* zu sein und die *ent-*

sprechenden Schritte unternommen hast, die dich näher ans Ziel bringen, dann bist du auf „dem besten Weg". Mache einfach weiter und betrachte dieses Buch als hilfreiche *Unter-stützung*. Genau das wird es dann auch sein.

In der Tat ist die Tatsache, dass du dieses Buch liest, ein bedeutender Schritt nach vorn. Dabei stehe ich dir sowohl mit meinem Wissen und Verständnis, als auch mit meinen Erfahrungen zur Seite. Du bezahlst mich dafür, dass ich es tue, und du tust es gern. Später wird es auch dir so ergehen. Du gibst, und dir wird gegeben. Ist das jetzt schon der Fall, dann findest du hier umgehend Bestätigung für dein Tun. Und so führt mehr zu noch mehr.

Dieses „*24 Stunden Erfolgsbuch*" ist in seiner Art *hoch-komprimiert*. Es ist darüber hinaus so gestaltet, dass du den größten Nutzen dann aus ihm ziehst, wenn du dir einen ganzen Tag frei nimmst und dich ausschließlich mit dem Inhalt befasst – 24 Stunden, einen ganzen Tag lang! Kleine Pausen dabei sind natürlich vollkommen in Ordnung und sogar willkommen. Auch der Erfolg will Weile haben.

Ich habe über das Lesen des Textes hinaus am Ende noch Erfolgsaufgaben hinzugefügt, die dich – wie der Name schon sagt – erfolgreich(er) machen. Es sind erste oder weitere Schritte auf deinem Weg zum Erfolg, ganz gleich, wie sich dieser für dich gestaltet.

Lies in diesem Buch aber auch sonst nur dann, wenn du wirklich Ruhe hast. Nicht mal so zwischendurch in der Pause oder vor einem wichtigen Termin. Lies es dir in der Stille durch und sauge es gründlich auf. Lasse es sorgfältig auf dich wirken, denn neue Einsichten kommen nicht immer auf Anhieb.

Ich habe die deutsche Sprache auf eine besondere Weise *an-gewandt*. Das *er-leichtert* es dir, dieses doch recht *umfang-reiche* Wissen nicht nur aufzunehmen, sondern es auch gleich praktisch zur Anwendung zu bringen. Allein diese zählt. Wissen, Verständnis, Anwendung, Wiederholung, Erfolg. Bingo!

Es ist immer wieder dasselbe: Übung macht den Meister. Der Meister ist erfolgreich. Es ist durch ständiges Wiederholen, dass du zu neuen Fähigkeiten kommst, die dir mit der Zeit immer leichter von der Hand gehen. Das kennst du schon allein vom Laufen lernen.

Die neuen Fähigkeiten brauchst du für jede Situation im Leben, die du gerne ändern möchtest. Nur wenn du Dinge mit anderen Augen *be-trachtest*, kommst du auch zu neuen *An-sichten*. Spürst du es schon? Ja, es tut sich bereits was auf deinem Weg zum Erfolg, und das ist vollkommen *be-absicht-igt*.

Macht kommt von *Ge-brauch*. Gebrauch bedeutet Handlung. Handlung ist das *Er-gebnis* von *Er-kenntnis*, *In-anspruch-nahme*, Mut, *Taten-drang* und *Zu-ver-sicht* – und einem klaren Ziel oder Ideal im Visier. Je mehr du diese Kombination einsetzt, desto machtvoller wirst du. „Machtvoller" im Sinne von einer höheren Lebensqualität sowohl für dich, als auch die Menschen, Tiere, Pflanzen und Mineralien, die dich umgeben. Dasselbe gilt für all die Feen, Gnome, Elfen, Engel und Erzengel, sowie alle anderen feinstofflichen oder Geistwesen, die sich ebenso wie du entwickeln und einer höheren Ebene der Existenz entgegen streben.

Wir sitzen alle im selben Boot, und unser Versagen, uns weiterzuentwickeln, behindert nicht nur die Ebenen unterhalb von uns, sondern auch die oberhalb von uns. Das ist Gesetz. Es gibt keine Trennung.

Erfolgreiche Menschen lassen sich nicht von ihrem Pfad abbringen. Die Natur der Sache bringt es mit sich, dass sich für alles ein *entsprechender* Gegenpol findet. Das gilt auch für das, was du vielleicht als total weltbeglückend empfindest. Du musst stark sein, um diesen Winden zu trotzen – oder ihnen aus dem Weg zu gehen.

Wenn du ein Verständnis über dich und deine Rolle im Leben erlangt hast, fällt es dir *un-heimlich* einfach, genau das zu tun. Dann kann dir niemand mehr was *an-haben*. Und allein das ist mit Geld nicht ansatzweise zu bezahlen. Du verstehst.

Nun aber rein in 24 Stunden Wissen, Erkenntnis, Freude und puren Erfolg! Möge er sich fest in dir verankern. Er wird dich dann nie wieder verlassen und du jeden Tag in Dankbarkeit beginnen und ihn in noch tieferer Dankbarkeit beenden. So sei es!

KAPITEL 1 – EINSTIMMEN

Wie leicht und schnell etwas zustande kommen kann – man also erfolgreich sein kann – das möchte dir anhand einer wahren Geschichte aufzeigen. Diese hat schließlich zu dem Buch geführt, das du in diesem Moment liest.

Es ist noch nicht so lange her, da fuhr ich in Kapstadt, wo ich bis dahin gut 20 Jahre meines Lebens verbracht hatte, einen Mercedes 230E, Baujahr 1991. Das Kapstädter Küstenklima und die Tatsache, dass der Wagen seit 10 Jahren unter freiem Himmel stand, hatten ihm reichlich zugesetzt. Rost sowieso, dann das Getriebe, nun das Lenkgetriebe. Die Reparatur sollte zwei Tage beanspruchen.

Auf dem Weg nach Hause – es waren von der Werkstatt ca 3.5km zu Fuß – schnappte ich mir mein Handy und fing an, wahllos einen Text zu diktieren, als ob ich ein Buch schreiben würde. Ich lief einfach und sprach. Den Text habe ich mir nie wieder angehört, aber währenddessen kam mir die Idee, in nur 24 Stunden ein Buch zu schreiben und zu veröffentlichen. Ja, du hast richtig gelesen: In nur 24 Stunden!

Durch meine Arbeit mit dem Master Key System hatte ich zwar bereits die Infrastruktur, aber dennoch: Das Buch musste erst einmal strukturiert und geschrieben werden, einen Sinn ergeben und dem Leser einen praktischen Nutzen erbringen. Es war keine einfache Aufgabe – und 24 Stunden sind schneller vorbei als man denkt.

Mit diesem Buch zeige ich dir als Leser, dass es von der Idee bis zur Verwirklichung sehr schnell gehen kann, wenn man sich einfach nur ein Ziel und eine *Deadline* setzt und diese dann durch konsequentes

Handeln erfüllt. Mit dem Inhalt dieses Buches werde ich dir zeigen, dass auch du es mir nachmachen kannst; dass auch du auf ganzer Linie erfolgreich sein kannst; dass auch du vormals geheimes Wissen praktisch und nutzbringend anwenden kannst. Erfolg ist nicht nur für „die oberen 10.000" da, sondern für jeden von uns. Nur wo keiner den Anspruch darauf erhebt, wird auch keiner das Füllhorn über ihm ausschütten – so viel sollte klar sein.

Der Inhalt war schnell definiert, denn immer wieder wurde ich gefragt, ob es das Master Key System nicht in einer einfachen Form gäbe. Immer wieder wurde ich gebeten, komplexe Zusammenhänge einfach zu erklären. Dieses Buch ist meine Antwort darauf.

Es ging dabei aber weniger um die 24 Stunden, sondern mehr darum, Menschen, denen es an Geld – oder Erfolg schlechthin – mangelt, zu zeigen, dass es sich wirklich lohnt, mutig, entschlossen und zielstrebig zu sein; dass Erfolg von „*folgen*" kommt, d.h. von konkreten Handlungen; und dass selbst wenn man das letztendliche Ziel nicht ganz erreicht, man sich durch den Handlungsprozess aus der alten Situation entfernt und sie zurückgelassen hat.

Diese Auflage ist eine Weiterentwicklung dessen, was damals innerhalb von nur 24 Stunden erschaffen wurde. Es ist klar, dass einige Dinge fehlten oder verbesserungsfähig waren. Es wurde damit aber der Startschuss gegeben, dessen Erfolg sich auch darin zeigt, dass du dieses Buch nun in deinen Händen hältst.

Durch das Master Key System wusste ich endlich um den schöpferischen Prozess, in dessen Zentrum ich stehe. Ich aber bin auch nur ein Kanal, durch den Energien höherer Ebenen und von bestimmter Qualität fließen. So kann ich z.B. frei entscheiden, über eine teure Reparatur frustriert und sauer zu sein. Ich kann aber auch froh, schöpferisch und wagemutig sein, eine neue Idee *ins Leben rufen* und sie anschließend verwirklichen. Nicht nur in diesem Fall wählte ich letzteres.

Es darf dann aber nicht allein bei der Idee bleiben, denn ein paar lose, unstrukturierte Gedanken reichen bei weitem nicht aus, um etwas zu bewerkstelligen. Verwirklichung hat was mit Struktur und

Konkretisierung zu tun, nichts mit Tagträumerei. Mach dir da nichts vor. Du kannst lange affirmieren und meditieren, wünschen oder gar beten; ohne konsequente Handlung geschieht rein nichts. „Hilf dir selbst, so hilft dir Gott" ist ein alter und bekannter Spruch und nichts anderes als das Gesetz der Anziehung.

Dieses Buch besteht aus verlässlichen Informationen und erprobten, praktischen Hinweisen – aus Wissen, das über jeglichen Zweifel erhaben ist. Modern aufgearbeitetes altes und hochaktuelles Wissen, das dir Tür und Tor zum Erfolg öffnet. Nun liegt es vor dir. Von der Idee bis zum Endresultat, zum Wohle aller Beteiligten. Mein Erfolg (auch der finanzielle) wird *an-gemessen* ausfallen. Von nun an auch deiner, denn darum geht es mir mit diesem Buch.

Der Buchtitel „*Alles. Einfach. Jetzt. – Das 24 Stunden Erfolgsbuch*" hat über seinen Bezug zur Entstehungsdauer hinaus noch eine weitere, tiefere Bedeutung: Dieses Buch hilft dir, innerhalb von 24 Stunden zu einem dauerhaften Magneten für Erfolg zu werden, denn das „*Alles*" bezieht sich darauf, dass durch deine geistige *In-anspruch-nahme* alles zu dir kommen kann.

Das „*Einfach*" besagt, dass es dazu keiner schwierigen Voraussetzungen bedarf, sicherlich aber neuer Sichtweisen, Erkenntnisse und Fähigkeiten.

Schließlich bezieht sich das „*Jetzt*" darauf, dass genau *jetzt* der richtige *Zeit-punkt* (was für ein geniales Wort!) ist, sich zu *be-sinnen*, etwas neu zu beginnen oder sich einfach nur daran zu erinnern, dass sowohl Traum als auch Wirklichkeit lediglich Gedankenkonstrukte und somit innerhalb deiner *Reich-weite* sind.

Ich schrieb dieses Buch, weil ich es kann. Ich lasse mir von niemandem *vor-schreiben*, was ich kann oder nicht. Ich zapfe durch meine geistige *In-anspruch-nahme* das an, was *un-beansprucht* im Raum des reinen Potentials verbleiben würde – also *Bewusst-sein* im *Ruhe-zustand*. Ich *ver-wirkliche* es durch meine *Ge-danken*, *E-motionen*, Worte und Taten. All das zusammen führt zu dem, was wir geläufig mit „*Er-folg*" bezeichnen.

Ich bin erfolgreich, *weil* ich ein „*Macher*" bin. Du wirst erfolgreich sein, *wenn* du ein Macher bist. Kaum hat es begonnen und schon wirst du *er-füllt* von der Magie der Worte und der Genialität der deutschen Sprache.

Macher machen. Sie haben eine Idee, planen diese über eine bestimmte Zeit und verwirklichen sie. Konsequent, beharrlich, bis zum Ende – jedes Mal aufs Neue. Sie haben einen starken Willen, teilen große Aufgaben in kleine Schritte auf und lassen sich – wie bereits erwähnt – von den negativen Meinungen anderer Menschen oder widrigen äußeren Umständen nicht abhalten.

Macher haben Energie und schöpfen diese immer wieder aufs Neue durch ihre Kreativität, aber auch ihre Ernährung und körperliche Aktivität. Sie sind eine nie versiegende Quelle der Inspiration und Verwirklichung. Das macht sie erfolgreich! Gelingt ihnen alles? Nein. Lassen sie sich dadurch entmutigen? Natürlich nicht. Sie machen weiter, „*stehen aufrecht, korrigieren sich umgehend und bewirken Wunder*", wie Charles Haanel im Master Key System schrieb.

Die Zeit, die zwischen meiner Idee und dem Beginn dieses Buch verging, betrug gerade einmal vier Stunden. Das zeigt dir, dass es wirklich sehr schnell gehen kann. Und wenn es sich richtig anfühlt, dann läuft auch alles wie geschmiert. Mir wurde das unter anderem dadurch klar, dass die ersten Bestellungen für dieses Buch bereits eingingen, als ich noch am Blogeintrag für meine Webseite arbeitete. Am Ende des Buches waren es schon mehrere Dutzend – allesamt bezahlt. Wenn das nicht anspornt, was dann?!

Achte auch du in deinem Leben gut auf die Dinge, die einfach flut-schen, ohne Widerstand, ohne große Anstrengung. Wenn sich etwas gut anfühlt, dann ist es meistens auch richtig. Dann lohnt es sich, die Sache weiter zu verfolgen, es vor allem aber auch anzuerkennen und dafür dankbar zu sein. Das ist von sehr großer Bedeutung.

Ich möchte dir mit diesem Buch aufzeigen, wie leicht es ist, *erfolg--reich* zu sein. Wie leicht es ist, noch erfolgreicher zu werden und es zu bleiben, ungeachtet dessen, was war oder was noch kommen mag. Erfolg kommt von „folgen". Da steckt *Be-wegung* drin. *Ent-*

scheidung. Kon-sequenz („Kon" bedeutet „mit", „Sequenz" bedeutet „Ablauf", „Reihe" oder „Folge"). Da wird etwas getan, bewegt, verändert. Das „Er" setze ich persönlich mit der unendlichen Intelligenz gleich. Manche nennen sie „Gott", andere „universelles Bewusstsein", „Allah" oder „Manitou".

Er-folg ist das Resultat des (Be-)Folgens dieser Intelligenz und der aus ihm entstandenen Prinzipien und Gesetzmäßigkeiten. Mehr dazu findest du im Kapitel über die sieben Spielregeln deines Lebens.

Erfolg ist das Ergebnis deines *Ein-stimmens* auf diese Intelligenz. Je mehr du dich mit „Ihm" im *Ein-klang* einfindest, desto besser klingt „Es" zurück, und desto besser kannst du von „Ihr" das empfangen, was du dir *vor-stellst*. Du siehst, ich habe manche Worte kursiv dargestellt. Halte bei ihnen stets kurz inne und lasse sie auf dich wirken.

Vieles mag dir zu Beginn neu oder fremd vorkommen; behalte dennoch oder gerade deswegen eine offene und empfängliche Einstellung. Mit jedem weiteren Satz ergibt das Ganze einen Sinn, und ein grandioses Bild der Schöpfung und deiner Rolle darin baut sich in aller Pracht vor dir auf.

Natürlich kann ich in 24 Stunden nicht alle relevanten Themen bis ins letzte Detail abhandeln oder mit einschließen. Ich kann aber auf die Grundzüge eingehen und mit diesen ein Fundament legen. Darauf kannst du beruhigt und gelassen aufbauen. Ganz gleich, was du erbaust, das Fundament ist dasselbe. Daher ist es mir auch von so großer Bedeutung, es dir gut und schlüssig zu erklären.

Patentrezepte wirst du hier vergeblich suchen. Wenn du aber um das Fundament weißt, findest du im Handumdrehen deine eigenen Rezepte, deine eigenen Lösungen – jedes Mal aufs Neue. Wenn dieses Buch das erreicht, hat es seinen Zweck erfüllt.

KAPITEL 2 – AUFWACHEN

Jeder von uns ist *erfolg-reich*. Wir können gar nicht anders. Ob wir es *er-kennen*, *an-erkennen* und *wert-schätzen*, das steht wiederum auf einem anderen Blatt geschrieben. Solange wir atmen, sind wir erfolgreich – so einfach ist es. Es wird aber noch besser!

Jeden Morgen, wenn wir aufstehen, sind wir erfolgreich. Warum? Weil es zum selben Zeitpunkt Tausende von Menschen gibt, die es aus welch immer Gründen nicht tun. Verstehst du? Die einfache Tatsache, dass du morgens aufstehst, ist ein riesiger Grund, *dank-bar* und mit Freude *er-füllt* zu sein. Da gibt es keinerlei Ausrede, ganz gleich, was dir an diesem Tag noch bevorsteht.

Selbes gilt für die Nacht. Es gibt erneut Tausende von Menschen, die die Nacht nicht mehr *er-reichen*, weil ihnen irgendetwas *zu-gestoßen* ist und sie den Geist *auf-gegeben* haben. Du hingegen gehst wieder für ein paar Stunden ins Land der Träume über, wo sich dein Wachbewusstsein von den vom Verstand gesteuerten Anstrengungen des Tages *er-holt* und dieses ständig *wieder-holen* muss. Das endet erst dann, wenn du zunehmend intuitiv – also aus dem Bauch heraus, jedoch zunächst vom Verstand lebensrichtig angeleitet – deine Entscheidungen triffst. Du kommst dann auch mit wesentlich weniger Schlaf aus. Achte darauf; du wirst mir *zu-stimmen*.

Wenn du kurz inne hältst und den Tag Revue passieren lässt, findest du etliche Dinge, für die du *dank-bar* sein kannst. Mache dir das zur *Ge-wohnheit*, denn so setzt du den Ton für deine Zeit im Traumland – und auch den Ton, den dein *Unter-bewusstsein* ungestört aufnimmt und dann in deinem Leben wieder *er-klingen* lässt.

Aufrichtige Dankbarkeit ist ein herausragendes Merkmal erfolgreicher Menschen. Dankbar zu sein bedeutet *ge-wahr* und *auf-merksam* zu sein und etwas in seiner Qualität und Wesensform *an-zu-erkennen*. Übrigens: Wenn du erfolgreich bist, wirst du *an-er-kannt*. Deine eigene Anerkennung – also die deiner selbst – führt zur Anerkennung im Außen. Das ist wiederum das Gesetz der Anziehung in Aktion.

Wer aufmerksam ist, erkennt Details. Wer Details erkennt, kann das Grobe vom Feinen trennen. Wer dazu in der Lage ist, befasst sich nicht mehr mit dem Negativen, Unnützen, Profanen, Bösen, Niederträchtigen, Eifersüchtigem, Hässlichen und Neidischen, sondern *er-schafft* bewusst Erhabenes, Schönes, Nützliches, Liebevolles und Gemeinschaftliches. Das ist es dann auch, wofür er *be-lohnt* wird – am Ziel, aber auch schon während der Reise. Genauso werde ich bereits beim Schreiben dieses Buches belohnt, denn nicht jeder Erfolg drückt sich ausschließlich finanziell aus. Es können auch – Achtung! – *an-erkennen-de* Worte sein.

Dankbarkeit sollte dich überall hin begleiten. Sie ist die Anerkennung und Wertschätzung dessen, was geschehen ist. Das, was geschieht, ist immer gut – oder *guth*, wie wir es noch vor nicht allzu langer Zeit schrieben. *Er-innere* dich: Sprache und Worte sind Programm. Sprache ist Geist auf einer niederen Schwingungsebene! „*Wie oben, so unten*" lautet das alte hermetische Axiom der Entsprechung, auch Analogie genannt. Das ist damit gemeint.

So, und es ist allein deswegen gut, weil du es so siehst. Du kannst es natürlich auch anders sehen. Nur *er-gibt* das keinen Sinn. Schöpfung kann in beide Richtungen *täthig* werden (da war es wieder, das gestohlene „h"), aber nur eine Richtung ist *lebens-richtig*. Die andere ist *lebens-widrig*. Ersterer Begriff stammt von Josef Haid. Er schrieb das Buch „*Lebensrichtig*". Lies es, und du wirst noch mehr *(v)er-stehen*.

Jeder von uns definiert Erfolg anders. Leider messen sich viele Menschen an für sie unrealistischen Maßstäben, die sie sich von anderen haben *ein-reden* lassen. Diese Suggestionen (genauer: *An-deutungen* oder *Hin-weise*) sind also nicht ihre eigenen. Sie bekommen das, was andere ihnen *zu-gedacht* haben. Das ist das, was diese wollten, nicht das, was sie selbst wollten. Das geschieht dadurch, dass sie selbst keinen eigenen Willen und somit kein *Durchsetzungs-vermögen* haben. Erfolgreiche Menschen sind immer *willens-stark*, aber nicht unbedingt *starr-köpfig*.

Mit diesem Buch bekommt dein *selb-ständiges* Denken einen Kickstart. Es hilft dir, dich selbst zu fühlen, dich selbst zu steuern, dich selbst zu *ver-wirklichen und* den Mut *auf-zu-bringen*, auch große Taten zu *voll-bringen*.

Überlege dir gut, von wem du dir was auf deinem Weg zum Erfolg gut einreden lässt. Ich wiederhole: Achte genau darauf, mit welchen Menschen du dich *um-gibst*, an welchen Orten du dich *auf-hältst* und welche Art von Informationen du dir zu Eigen machst.

Halte erneut kurz inne: Die deutsche Sprache ist äußerst genau. Je genauer deine Gedanken sind, desto genauer drückst du dich anschließend verbal aus. Und je genauer du dich *aus-drückst*, desto genauer können diese Befehle oder *An-weisungen* von anderen *be-folgt* werden. Je klarer und genauer diese Anweisungen (Schwingungen), desto klarer die Resonanz (Widerhall, Verstärkung), die dadurch *hervor-ge-rufen* wird. So einfach ist es. Klarheit im Denken führt zu Klarheit im Handeln – und somit zum Erfolg! Trainiere deine Sprache, denn Sprache ist Göttlichkeit auf einer niederen Stufe.

Geist hat gar keine andere Wahl, als auf den niederen Ebenen der Schöpfung nach Ausdruck zu suchen – durch Gedanken, Worte, Gefühle und Handlungen. *„Das Wort ist der Name Gottes"*, schrieb einst Franz Hartmann, ein Eingeweihter von herausragender Güte. Verweile ein wenig auf diesem Satz, denn er *ent-spricht* der Wahrheit.

Erfolg entstammt einem oft strengen Befolgen von geistigen (nichtkörperlichen) Gesetzmäßigkeiten. Das hat nichts mit Unterwürfigkeit zu tun, sondern mit Weisheit. Bei den Gesetzmäßigkeiten – auch Prinzipien genannt – handelt es sich um etwas, was der Mensch durch genaue Beobachtung herausgefunden und anschließend eingeordnet hat. Durch herleitendes Denken (Induktives Denken) hat er sich verlässliche, geistige Strukturen erschaffen, die ihm jetzt helfen, materielle Dinge zu erstellen, sie bestehen zu lassen und einen Nutzen aus ihnen zu ziehen. Das wird allgemein mit dem Wort Fortschritt bezeichnet.

Ein Wolkenkratzer, eine lange Brücke, aber auch ein Smartphone sind ausgezeichnete Beispiele dafür. Sie sind auch Beispiele wie durch zunehmendes Bewusstsein Kraft- und Machtvolleres erschaffen wurde. Vergleiche nur das Telefon von vor 20 Jahren mit dem von heute. Du musst gar nicht einmal so weit zurückgehen. Fünf Jahre reichen da bereits aus. Der Unterschied liegt allein im Bewusstsein. Es sind schlichtweg mehr Gedanken von mehr Menschen in dieses Gerät geflossen.

Es gibt nicht umsonst 7 Milliarden Menschen auf der Welt. Sie alle sind zu dieser Zeit inkarniert, weil es keine aufregendere Zeit gibt als jetzt. Gerade weil sich das Leben so vieler Menschen widrig und unharmonisch darstellt, liegt es allein an dir, dein Bewusstsein wahrheitsgemäß und lebensrichtig auszurichten. Nur so kann sich im Leben der Anderen was verändern, weil es sie in Wahrheit gar nicht gibt. Erinnere dich: Es gibt keine Trennung, sondern nur ein Bewusstsein. Auch sie sind lediglich Projektionen dieses einen Bewusstseins, dessen Teil du bist. Das ist übrigens der ultimative Erfolg. Wenn du niemanden mehr als krank, arm, schwach, missgebildet etc. wahrnimmst, gibt es somit auch niemanden mehr, denn außen wird nur das wahrgenommen, was innen bereits besteht.

Überall in dieser Schöpfungskette sind Erfolge *ver-zeichnet* worden. Erkennst du diese? Machst du dir darüber Gedanken? Wisse, dass das Große nur eine Anhäufung vieler kleiner Dinge ist. So ist auch dein großer Erfolg lediglich die Ansammlung vieler kleiner Zwischenerfolge.

Erfolg geht mit Disziplin und Beharrlichkeit einher. Disziplin bedeutet, anstehende Aufgaben gewissenhaft zu verrichten und sich nicht von etwas anderem *ab-lenken* zu lassen. Das ist heutzutage durch die Kommunikationstechnologie nicht immer einfach. Deswegen suchst du immer wieder die Stille auf. In dieser lassen sich sowohl Disziplin als auch Intuition besonders gut schulen. Dann fällt es dir auch mit der Beharrlichkeit leicht, denn du erkennst die steten Fortschritte, die du auf deiner Reise machst. Das hält dich bei der Stange, bis das

Ziel erreicht ist — wobei jeder Zwischenschritt auch ein kleines Ziel darstellt. Und... noch ein Erfolg! Geil, ne?

Je tiefer dein Verständnis dieser Gesetzmäßigkeiten und vorgegebenen Abläufe, desto größer ist auch die Verantwortung, die du trägst – zunächst nur für dich, anschließend aber auch für andere. Und wer Verantwortung trägt, der ist in gewisser Hinsicht bereits erfolgreich. Du siehst, Erfolg findet auf so vielen Ebenen der Existenz Ausdruck. Du musst nur genau *hin-schauen*, um ihn zu *er-kennen*.

Meine Einführung ist nun zu Ende. Jetzt wird gemacht. Es geht jetzt also ans *Ein-gemachte*. Sei aufmerksam. Trinke viel frisches Wasser. Ernähre dich überhaupt gesund und möglichst ohne totes Tier.

Warum eigentlich? Ganz einfach: Weil du ein Lichtwesen bist. Dieses bedarf lichtreicher Nahrung. Diese muss nicht erst durch die Gedärme anderer Tiere gehen und mit ihren eigenen Informationen vermischt werden, um dir dann scheinbar nützlich zu sein. Oder glaubst du etwa, dass dir Fleisch von einem Tier in Todesangst oder Bedrängung als Licht- und somit Informationsbringer tauglich ist? Versetze dich selber einmal in solch eine Situation, und die Antwort wird nicht lange auf sich warten lassen. *In-formiere* dich einfach und schaue dann, was mit dir in Resonanz geht. Eines ist sicher: Du brauchst für deinen Erfolg einen reinen Körper, eine reine Moral und einen reinen Geist. Mehr muss ich dazu nicht sagen. Du verstehst.

Achte also wohl darauf und gehe stets behutsam mit dir um. Sei niemals ärgerlich mit dir oder deinem Körper. Dieser Körper meint es nur gut mit dir. Er führt lediglich das aus, mit dem er gefüttert wurde. Liebe rein, Liebe raus, ganz gleich ob dir die körperliche Manifestation gerade gefällt oder nicht. Licht ist Liebe. Liebe bringt Licht. Licht heilt. Auch das ist Erfolg!

KAPITEL 3 – MITSCHÖPFEN

In den folgenden Kapiteln gehe ich schrittweise vom Groben zum Feinen, vom Großen zum Kleinen. Ich beginne ganz am Anfang, auf einer Ebene, die du wahrscheinlich kaum mit Erfolg in Verbindung bringen würdest. Dennoch ist ein Verständnis des Großen für den Erfolg im Kleinen (auf der Erde) unabdingbar. Es wird nicht lange dauern, bis du verstehst warum.

Eines ist unmissverständlich: Wir alle schöpfen. Jede Sekunde unseres Lebens sind wir am Schaffen. Nein, nicht am Schaffen im baden-württembergischen Sinne, sondern am Bewerkstelligen von Abläufen. Wir atmen. Wir essen. Wir verdauen. Wir scheiden aus. Wir bewegen uns. Wir denken. Wir sprechen. Wir hören. Wir fühlen. Wir schmecken. Wir riechen. Wir schlafen. Alles unsere eigenen Gedankenschöpfungen – ohne Ausnahme.

Mit jedem Moment unserer Existenz verändern wir uns. „*Change is the only constant*", heißt es im Englischen. Leider wird uns über diesen Schöpfungsprozess herzlich wenig beigebracht. In der Schule schon gar nicht. Dort werden alle Fächer getrennt voneinander gelehrt. Kein Wunder also, dass man am Ende kein vollständiges Bild erhält und nahezu blind und unfähig ins Erwachsenenleben entlassen wird.

Es ist so, als würde man einen Wecker nehmen und gegen die Wand werfen. Aus seinen Einzelteilen würde man dann versuchen, Rückschlüsse auf den Wecker als Ganzes zu ziehen. „Oh, schau, ein Zahnrad! Und hier, eine Feder! Wozu wohl diese Schraube da ist? Hmmm, das war bestimmt mal ein Wecker."

Genau so läuft es ab. Die völlig mangelhafte Grundlage, die uns mit auf den Weg gegeben wurde, treibt dann im richtigen Leben ihr Unwesen – beim einen früher, beim anderen später. Dann aber stehst du vor dem Problem und weißt nicht, wie du es anzugehen und zu lösen hast.

Du spürst zwar tief in dir, dass da noch etwas ist, was viel größer und grandioser ist, als deine gegenwärtige Version deiner selbst. Noch aber kommst du dort nicht ran. Dieses Buch ändert das ein für alle Mal. Glaube mir, ich bin da selber durch. Das wird u.a. durch die Tatsache aufgezeigt, dass du dieses Buch von mir liest und nicht umgekehrt. Das macht mich im Vergleich zu dir nicht besser. Es zeigt lediglich auf, dass ich das *ver-wirkliche*, was mir *vor-schwebt* – was ich mir *vor-gestellt* habe. Genau dahin bringe ich dich mit diesem Buch. Es beginnt von vorn, baut dich auf, motiviert dich und zeigt dir, wie es geht. Was du hingegen damit machst, das liegt allein bei dir. Das *ent-scheidest* nur du. Es gibt auch gar keinen, der dir diese Entscheidung *ab-nehmen* könnte oder würde. Es ist schlichtweg dein Wachstumsprozess, dein Entfaltungsprozess im Leben und der Grund, warum du jetzt hier bist.

Je besser und umfangreicher deine Ausstattung, desto einfacher gehst du durchs Leben. Nimm zum Beispiel ein Auto: Dieses entsteht nicht aufgrund von Zufällen. Bis ins letzte Detail ist alles sorgfältig geplant. Nur so kann ein Auto entstehen, das nachher das hält, was es verspricht. Will sagen: Es gibt Gesetzmäßigkeiten, die der Autoherstellung zugrunde liegen. Sobald dort bestimmte Abläufe in Bewegung gesetzt wurden, muss man sich über sie keine Gedanken mehr machen, es sei denn sie wurden fehlerhaft entworfen. Dann würden sie zu Chaos und Ausfällen führen, da man sich auf sie nicht verlassen kann. Stress würde erzeugt werden, der bei guter Planung vermeidbar gewesen wäre. Selbes gilt auch für dich. Nur ist es wohl so, dass du mehr von der Autoherstellung weißt als von deinem eigenen Aufbau und der Funktionsweise deines Körpers und Verstandes. Auch das ändert dieses Buch.

Das Auto bietet dir noch ein weiteres Beispiel: Wenn es nur spärlich ausgestattet ist, hat es keinen Komfort. Puristen mag das gefallen. Es will aber nicht jeder ein Yogi, Eremit oder Fakir sein. Je besser es ausgestattet ist, desto mehr vereinfacht es dir dein Leben. Es bedeutet aber auch, dass du sorgsam damit umgehen solltest, sonst leidet es unter dem Gebrauch und verliert seinen Glanz.

Mit dir verhält es sich genauso. Je mehr du dich *ent-wickelst* und dein *Bewusst-sein ent-faltest*, desto sorgsamer bedarf es damit umzugehen. Dort, wo höhere Kräfte walten, gibt es auch eine *ent-sprechend* hohe *Ver-antwort-ung*.

Alles Wahrnehmbare besteht aus Schwingungen. Du selbst auch. Schwingungen sind nichts anderes als Gebilde, die sich auf verschiedene und ihnen entsprechende Art und Weise *be-merkbar* machen. Änderst du die Schwingung, änderst du die äußere Darstellung.

Alles besteht aus Schwingung. Das unendlich Kleine sowie das unendlich Große. Vom Atom bis hin zur Galaxie, alles unterliegt dem einen Gesetz. Alles ist in Bewegung. Nichts steht still. Dieses Gesetz wurde unter anderem in den sieben hermetischen Prinzipien dargelegt, den sieben Spielregeln deines Lebens. Diese erkläre ich in einem folgenden Kapitel auf praktische und anschauliche Art und Weise.

Das Leben ist ein ständiges Pulsieren. Ohne deinen Puls wärst du tot. Alles ist ein ewiges Auf und Ab. Es ist der Rhythmus, wo jeder mit muss. Auf und ab, hin und her, Tag und Nacht, Ebbe und Flut, Freude und Sorge. *You name it, we've got it!*

Auf unendlich großer Ebene findet auch ein Pulsieren statt. Es besteht nach letzten Erkenntnissen der Wissenschaft aus dem gegenseitigen Durchdringen zweier trichterförmiger Strukturen und der daraus entstehenden Interaktion. Der eine Aspekt komprimiert, der andere expandiert. Das heißt auf Deutsch: Der eine presst zusammen und konzentriert, während der andere auseinander strebt und sich dabei *auf-löst*. Dreidimensional sieht es aus wie ein Donut. In der Wissenschaft spricht man von einem Torus – einem Ring mit einem Loch in der Mitte, in Form ähnlich eines Apfels.

Nun ist es so, dass auch unsere Galaxie und unser Sonnensystem diese torusförmige Struktur *be-sitzen* und ihren Gesetzmäßigkeiten *unter-liegen.* Im Zentrum der Schöpfung unseres Systems steht die Sonne. Ohne sie gäbe es keine Kekse - und auch keine Bücher. Erinnere dich: Sei dankbar!

Das Große kann nur dann zu dir kommen, wenn du eine Wertschätzung für das Kleine hast.

Übrigens erschafft auch das Herz um sich herum ein torusförmiges elektromagnetisches Feld. Selbiges gilt für den Körper und die Erde. Auch hier gilt das hermetische Axiom: *„Wie oben, so unten."*

Während sich nun diese zwei Energieformen entlang einer vertikalen Achse durchdringen und im Zentrum neues Leben schaffen, entsteht meinem gegenwärtigen Verständnis nach entlang der horizontalen Achse Schöpfung auf einer materiellen Ebene. In unserem Fall wäre es das Sonnensystem mit der Sonne als impulsgebendem Element – und ich sage hier bewusst nicht „im Zentrum" – sowie die Planeten auf ihren Umlaufbahnen, der Sonne auf ihrer Reise durchs All folgend. Aufgepasst: Auch die Sonne steht nicht still!

Alles, was (durch eine der Schöpfung innewohnende) Rotationsbe-
wegung nach außen strebt, verliert mit der Zeit an Struktur, löst sich
entsprechend auf und kehrt wieder in den Schmelztiegel der Schöpfung zurück.

Unsere Planeten sind Beweis dafür. Innen und als letztes aus der
Sonne heraus geboren, kreist der Merkur – der Götterbote – heiß
und schnell um die Sonne. Er steht für das Mentale, die Kommunikation, die Beweglichkeit. Je mehr wir aber nach außen schauen, desto
leichter und flüchtiger werden die Planeten. Saturn, zum Beispiel, ist
so leicht, dass er auf Wasser schwimmen würde. Stell dir das einmal
vor!

Wenn wir dann beim Neptun angelangt sind, haben wir es mit einem
Planeten zu tun, der sich in nicht allzu langer Zeit auflösen wird,
wobei „nicht allzu lange" relativ ist. Ihm und Uranus werden in der
Astrologie somit geistige Qualitäten von langer Dauer und Perma-
nenz nachgesagt.

Neptun ist zuerst dran. Er kann dann entscheiden, selbst eine Sonne
zu werden und Leben zu geben, oder in seinen Einzelteilen wieder
in den endlosen Strudel des Torus zurück zu fließen. Beides ist in
Ordnung – im wahrsten Sinne des Wortes.

Was hat das denn mit Erfolg zu tun?, magst du dich fragen. Das
ist schnell beantwortet. Diesem einfachen Schema entspricht auch
unser eigenes Leben. Auch wir werden geboren, entfernen uns
dann aber mit zunehmendem Alter von unserem Ursprung (unseren
Eltern). Wir werden erwachsen und entscheiden, ob wir selber zu
Sonnen (Eltern) werden wollen, d.h. Leben spenden, oder auch nicht.
Beides ist gut.

Am Ende unserer Reise angelangt lösen wir uns auch auf, und unser
Bewusstsein fließt auf vielfältige Art und Weise zurück ins Ganze.
Dort werden die Karten neu gemischt, und es geht wieder von vorn
los. Wo kein Anfang ist, da ist auch kein Ende. Ist das nicht ein
wunderbares Bild der Schöpfung?

Wie die Planeten werden auch wir mit den Jahren zunehmend geistiger. In jungen Jahren dreht es sich noch um Dinge wie Autos, Uhren, Haus, Schuhe, Schmuck oder andere Gegenstände. Es dreht sich um Macht anderen gegenüber, um zu zeigen, dass man „wer ist". Schon hier werden allerdings bestimmte Muster erschaffen, an denen du später zu knacken hast.

Zu Beginn ist es – wie auf dem Merkur – hitzig und intellektuell. Später dann – während die Uhr tickt – spielt das Materielle nur noch eine untergeordnete Rolle. Es hatte damals sehr wohl seine Berechtigung. Jetzt geht es ruhig und besonnen zu, mehr intellektuell und spirituell. Es sind andere Qualitäten anstelle des materiellen Reichtums gestoßen, den sowieso niemand von uns mitnehmen kann.

All das ist insofern wichtig zu wissen, da man sich so auf diese Prozesse und Zyklen einstellen kann. Wer weiß, wann welche Qualitäten oder Ströme vorherrschen, der weiß auch, wann er sich wie zu verhalten hat. Daher sind auch die Astrologie und Numerologie von großer Bedeutung, denn mit ihnen kann man sich besser kennenlernen – und somit auch im Leben erfolgreicher werden.

Das trifft vor allem dann zu, wenn es um Gefühle geht. So, wie zu einer bestimmten Zeit bestimmte Tendenzen (Neigungen) vorherrschen, vergehen diese wieder im Laufe der Zeit, teilweise sogar innerhalb von Sekunden. Dann machen sich andere Neigungen bemerkbar, aber auch diese gehen genau so schnell wie sie gekommen sind. Was *auf-wallt* muss zwangsläufig wieder *ab-klingen*.

Für dich bedeutet das folgendes: Deine Gefühlslage ist dein Leben. Wenn du dir über bestimmte Tendenzen bewusst bist, kannst du dich geistig darauf einstellen. Du kannst sie integrieren, transformieren, transzendieren oder transmutieren. Dadurch erlangst du Herrschaft über sie. Herrschaft und Erfolg sind eng miteinander verbunden – nur damit du es weißt.

Deine Gefühlslage wird von zahlreichen kleineren Zyklen bestimmt. Bist du dir dieser nicht bewusst, schlagen die Gefühle voll rein – oder auch aus. Weißt du auch um diese Zyklen, kannst du dich wiederum auf sie einstellen. „*Vor-sicht* ist die Mutter der Porzellankiste." Das gilt für dich, aber auch für andere Menschen, mit denen du in Kontakt stehst. Wenn diese mal wieder *aus-ticken*, kannst du *ent-scheiden*, ob du dich darauf *ein-lassen*, oder diese lebenswidrige (weil Energie raubende) Neigung doch besser *de-gradieren* und *unter-ordnen* willst.

Ich *wieder-hole*: Auf großer Ebene läuft genau dasselbe ab, was auch hier auf Erden abläuft. Nur ein gründliches Wissen dieses ständigen Pulsierens hilft dir, zu jeder Zeit angemessen auf etwas zu reagieren.

Du bist ein bewusster *Mit-schöpfer*. Die Kraft „Gottes" ist dir inne. Du besitzt jedoch nicht die Macht und Kraft, auf wirklich *alles* einen *Ein-fluss* auszuüben. Wäre dem so, bräuchtest du dieses Buch nicht.

Auf deiner menschlichen Ebene hingegen hast du sehr viel mehr *Ein-fluss*, und zwar so viel, wie du in Anspruch nimmst. Verweile erneut ein wenig auf diesem wichtigen Wort: *In-anspruch-nahme*.

Bevor ich dieses Kapitel schließe, wisse folgendes: Du bist aus deinen Eltern hervorgegangen. Bis etwa zum 4. Lebensjahr hast du wie ein trockener Schwamm alle Informationen geradezu aufgesogen. Schon im Mutterleib nahmst du das auf, was draußen vor sich ging. Du magst keine Erinnerungen an vorherige Leben mitgebracht haben, dafür aber deren Lernaufgaben. Die „Rache des Geburtskanals" hat dafür gesorgt, dass du in Sünde geboren bist. Nein, keine Sorge, nicht die Sünde, die uns die Kirche aufbürden möchte, sondern die ursprüngliche Bedeutung des Wortes, nämlich die Vergessenheit. Du bist geboren ohne Erinnerung an deinen göttlichen Ursprung, und so zeigt sich dann auch dein Leben auf.

Du hast vergessen, wer du *(ver)wirk-lich(t)* bist. Überall wurde dir Trennung suggeriert. Besser als der, schöner als die, schlauer als ... wer auch immer. Diese Trennung gilt es nun zu überwinden und in ein Einheitsbewusstsein zurück zu kehren. Nicht dass wir dann alle gleich sind, um Gottes willen, nein! Wir sind uns dann nur vollauf bewusst, dass es „keinen anderen" gibt, sondern dass alles nur Projektionen unseres eigenen Bewusstseins sind. Erfolg übrigens auch. Der hat mit dir alles und mit anderen nichts zu tun, weil es die anderen ja ... gar nicht gibt. Gefällt uns also der Film nicht, der sich vor unseren Augen abspielt, muss dieser gewechselt werden. Die Leinwand hat damit nichts zu tun. Sie gibt nur das wieder, was auf sie *ge-richtet* wurde.

Du bist also gut vorbelastet in dieses Leben gekommen. Vorbelastet aus vorherigen Inkarnationen und vorbelastet durch die Energien deiner Eltern und deiner Bezugspersonen im frühen Leben.

Nun ist es so, dass alles, was nicht vom Verstand abgewiesen wird, Eingang ins *Unter-bewusstsein* findet. Dort wird das Wort zu Fleisch und somit zur lebendigen Erfahrung. Ich schreibe das deswegen, weil wir alle geprägt sind. Diese Prägung *ver-folgt* uns bis in die Jetztzeit – oft mit negativen Konsequenzen, vor allem was den persönlichen Erfolg anbelangt.

Charles Haanel schreibt im Master Key System, dass ein Gedanke, der ausreichend oft wiederholt wird, mit der Zeit zur Gewohnheit wird (da steckt das Wort „wohnen" drin), dann automatisch und schließlich „zu uns". Dann ist es aus dem Wachbewusstsein entschwunden und verwirklicht sich vollautomatisch, d.h. ohne unser gedankliches *Zu-tun*. Das ist besonders wichtig zu verstehen. Warum? Weil das Unterbewusstsein der Ort der zuverlässigen Verwirklichung ist. Und wenn du erst einmal den richtigen Gedanken raus gesendet hast, dann kannst du diesen Brief getrost versiegeln. Das Unterbewusstsein wird ihn für dich gesetzestreu verwirklichen, solange du ihn nicht durch eigene Zweifel oder unbedachte Kommentare deiner Mitmenschen unterhöhlst und ihn der Lebenskraft beraubst.

Noch einmal: auch wenn du voran schreitest, so musst du (und das kommt von *Muße*, nicht von Zwang) zurück schauen und dir der Muster gewahr werden, die dich zeitlebens geprägt haben. Nur dann bist du in der Lage, gedanklich neue Ursachen zu setzen und neue Wirkungen zu erzielen, insbesondere was den privaten, gesundheitlichen oder geschäftlichen Erfolg anbelangt. Das ist übrigens reine Heilung. Wenn du heil bist, dann bist du harmonisch. Und wenn du harmonisch bist, d.h. *aus-gewogen* und im *Gleich-gewicht*, dann ziehst du ganz automatisch mehr davon in dein Leben. Auch das ist Gesetz.

Du bist also ein kosmisches Kind, dass sich im und durch das Leben erfährt. Je besser du über die Abläufe auf hoher Ebene Bescheid weißt, desto mehr Macht und Kraft hast du, mit vermeintlich widrigen Umständen im Hier und Jetzt umzugehen und sie zu transformieren. Wie bereits erwähnt zunächst für dich, dann auch für andere. Astrologie und Numerologie sind dabei keine Zwangsjacken, sondern lediglich Hinweisschilder. Wie heißt es doch so schön: „Die Sterne machen geneigt, aber sie zwingen nicht".

Falls es dich interessiert, was es mit den Sternen oder – in diesem Fall – den Planeten auf sich hat, empfehle ich dir Charles Haanels „Ein Buch über dich". Dort beschreibt er, wie die Planeten auf ihren Umlaufbahnen durch ihre Eigenrotation den Äther spiralförmig verwirbeln. Dieser Äther tritt dann mit den Verwirbelungen anderer Quellen in Kontakt und reagiert. Daraus entstehen die vielfältigen Formen von Schwingungen, die unser Bewusstsein auf seine eigene Weise interpretiert.

Erinnere dich: Ändere die Schwingung, und du änderst die Manifestation, ob es nun einfach nur Nacht ist, Vollmond, ein rückläufiger Merkur oder eine bestimmte Planetenkonstellation. Sie alle haben die Neigung dich zu beeinflussen, und sie tun es garantiert, bis du lernst, dich auf sie einzustellen und zu bestimmten Zeiten bestimmte Dinge zu tun, andere hingegen aber zu unterlassen.

KAPITEL 4 – UMPOLEN

Wir bewegen uns weiter auf der Reise vom Großen zum Kleinen. Im Rahmen dieses Buches ist Letzteres der Mensch – also du.

Wer *bist* du? Du bist weder dein „Name" noch dein „Beruf". Du bist auch kein „Gläubiger" (ganz gleich welcher Sorte). Das bezeichnet lediglich deine Religionszugehörigkeit. Du bist kein „Staatsbürger", denn das beschreibt auch nur eine *Zu-gehörig-keit*. Du bist weder „Sohn" noch „Behinderter", weder „Ehefrau" noch „Deutsche Meisterin im Bogenschießen" – oder was es sonst noch so an *Be-zeichnungen* gibt. All diese sind nur von Menschenhand geprägte Wortgefüge. Du *hast* diese Bezeichnungen, aber du *bist* sie nicht. Identifiziere dich somit auch nicht mit ihnen, sondern stets mit deiner göttlichen Quelle und deiner Fähigkeit, bewusst mitzuschöpfen.

Du bist also Bewusstsein – reines Bewusstsein. Dieses Bewusstsein hat sich auf vielfältige Art und Weise bis zu dir und deinen Charaktereigenschaften, Angewohnheiten, Vorlieben und Fähigkeiten, aber auch deinen Ängsten, Sorgen, Zweifeln und beschränkenden Selbsteinschätzungen herunter transformiert und verwirklicht.

Es ist das, was du jetzt „dein Leben" nennst. Die Gründe dafür zerfließen im Laufe der Äonen. Du magst ein paar Inkarnationen zurück schauen können, aber dennoch wird dir das Gesamtbild verborgen bleiben. Letztlich bleibt die Tatsache bestehen, dass du Bewusstsein bist, das sich durch den Körper und den Verstand auslebt und erfährt. Dieses wird dabei aber von einer Seele begleitet, die den roten Faden durch alle vorherigen und zukünftigen Leben darstellt.

Du bist also ein Produkt vielfältiger Prägungen, von denen sicherlich nicht alle positiv waren. In der Tat haben die negativen oder nicht vorhandenen dazu geführt, dass du nun dieses Buch liest. Warum ich das erwähne? Weil das deine große Chance ist!

All das, was dir im Laufe der Zeit *auf-geprägt* wurde, kann durch bestimmte Übungen oder Techniken wieder ungeschehen gemacht werden. Manche davon sind Tausende von Jahren alt, andere wiederum erst in den letzten Jahren entstanden. Eine tolle Zeit, in der wir leben.

Soll ich es noch einmal wiederholen? All das, was dir im Laufe der Zeit *ein-geprägt* wurde, kann durch bestimmte Übungen und Techniken ungeschehen gemacht werden. Wir wissen spätestens seit Bruce Liptons Buch „Intelligente Zellen", dass wir unsere Gene steuern und nicht umgekehrt. Somit sind wir – mit unserem Bewusstsein – in der Lage, Umstände zu ändern und Zustände zu verbessern. Dass wir dabei mittendrin im Thema Erfolg sind, das brauche ich nicht gesondert zu erwähnen.

Selbstverständlich bewegt sich jeder von uns innerhalb eines recht engen Rahmens. Selbst dieser ist jedoch noch breit genug, um Veränderungen zu erfahren, die einen erfolgreich und somit glücklich und zufrieden machen. Umgekehrt aber auch: Die einen glücklich und zufrieden machen und somit erfolgreich – ganz wie es dir *be-liebt*.

In diesen wenigen Zeilen stecken das Wunder der Veränderung und die Magie des Erfolges. Wenn du aufhörst, dich mit deinem Verstand und deinem Körper zu identifizieren, öffnet sich dir eine Tür, hinter der sich unsagbare Schätze verbergen. Daher stammt auch das Wort „Alles" im Buchtitel.

Dadurch, dass du dich als geistiges Wesen betrachtest, beginnst du dich darauf *ein-zu-stimmen*. Deine *Ab-sicht* ändert sich. Du beginnst, geistige Macht und Kraft in Anspruch zu nehmen. Das führt dazu, dass sich die Dinge im Äther zu regen beginnen und zu dir kommen – du wirst dir ihrer durch deine Absicht und Aufmerksamkeit *ge-wahr*. Das ist alles sehr einfach zu verstehen, denn Energie folgt bekanntlich Aufmerksamkeit. Wisse: Wem oder was du deine Aufmerksamkeit schenkst, dessen wirst du dir bewusst.

Dein Bewusstsein, d.h. deine Fähigkeit, etwas in Raum und Zeit zu *be-stimmen* und somit zu *be-zeichnen*, erlaubt es dir, dich den schönen, erhabenen, liebevollen und gemeinnützigen Dingen zuzuwenden und sie dadurch gesetzmäßig zu *ver-wirklich-en*. In der Tat ist das das herausragende Merkmal eines entwickelten Bewusstseins.

Diejenigen, die sich noch auf den niederen Ebenen aufhalten, werden von Sorgen jeglicher Art geplagt. Wenn du zu ihnen gehören solltest, dann hilft dir ein Verständnis deiner selbst und der Gesetzmäßigkeiten des Kosmos, diese Stufe der Entwicklung ein für alle Mal hinter dir zu lassen. Auch das ist kennzeichnend für deinen Erfolg, ganz gleich in welcher Form.

Die Gesetzmäßigkeiten sind für dich hier deshalb so wichtig, weil sie es dir erlauben, Muster zu erkennen. Durch die Mustererkennung bekommst du Gewissheit, weil du ja weißt, wann sich was wiederholt oder wie sich etwas qualitativ auswirkt. In diesem Zusammenhang ist das im übernächsten Kapitel erwähnte Prinzip der Entsprechung von übergeordneter Bedeutung.

Gewissheit führt zu innerer Ruhe und Gelassenheit. Deine geistige Überlegenheit macht sich hier schon gleich erfolgreich bemerkbar, denn dein Wesen ist friedvoller, verständnisvoller und mitfühlender geworden. Du hast aber nichts von deinem Feuer eingebüßt, das durch dieses neue Verständnis deiner selbst und der Abläufe im Großen wie auch im Kleinen in dir neu entfacht wurde.

Aus der inneren Ruhe hinaus triffst du schlussendlich intelligente Entscheidungen. Diese sind immer lebensrichtig, niemals lebenswidrig. Von solch einer hohen Warte aus kannst du bewusst gar nichts Böses, Schlechtes, Niederträchtiges oder Gemeines mehr tun, denn du bist dir der Konsequenzen vollauf bewusst – und handelst entsprechend.

Ich wiederhole: Du bist Bewusstsein. Dir steht alles zur Verfügung. Du musst es nur in Anspruch nehmen. Wo es keine Nachfrage gibt, da gibt es auch kein Angebot. Das *An-erkennen* deiner geistigen Natur mit den unendlichen Möglichkeiten der Entfaltung öffnet deinem erfolgreichen Leben Tür und Tor. Bevor es sich aber über dich ergießen kann, gibt es noch ein paar Dinge zu lernen. Beginnen wir mit der Verbindung des Feinstofflichen mit dem Grobstofflichen, der kosmischen Energie mit der deines Körpers, d.h. den Chakren.

Wisse in diesem Zusammenhang auch, dass du gepolt bist, und zwar vielfältig. Schau dir dazu die folgende Grafik an. Dort siehst du, dass du es für alle drei Körperachsen eine positive und eine negative gibt. Es bedarf auch keiner Raketenwissenschaft, zu erkennen, dass sich dadurch ein torusförmiges Feld um dich herum bildet. Und wo ist das Zentrum deiner Schöpfung: natürlich in der Gegend des Nabels und Geschlechtsteilen. Noch Fragen?

Du bist ein Kind des Kosmos, aus Sternenstaub und reinem Licht. Mache dir diese Verbindung zu allem Großzügigen, Genialen, Übermenschlichen, Reichhaltigen und Liebevollen zunutze, um dein Leben erfolgreich zu gestalten – mit jedem einzelnen Atemzug.

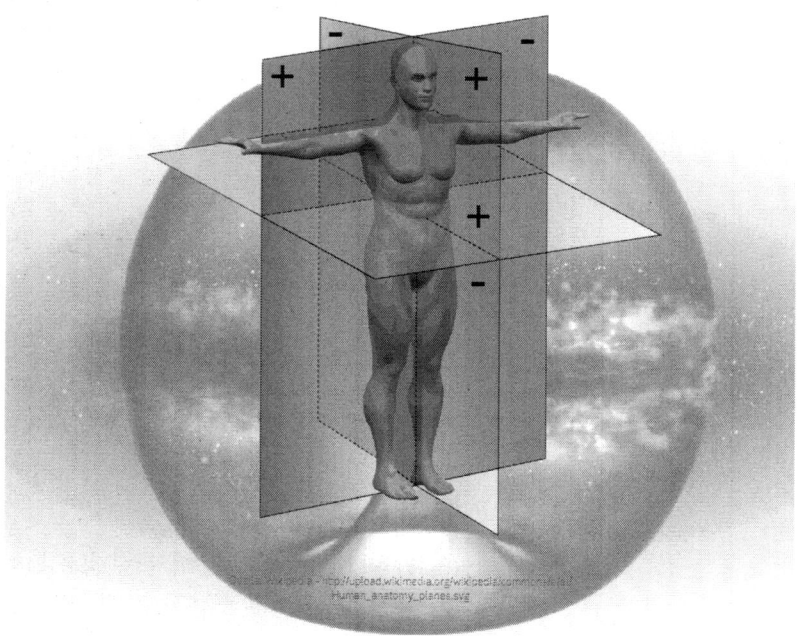

Chakren: Drehende Lichtwirbel

„Chakra" ist Sanskrit und heißt übersetzt „Rad" oder „Wirbel". Die Chakren sind entlang der Wirbelsäule angeordnete Energiezentren unterschiedlicher Qualität, Bedeutung und Ausrichtung. Hier wird durch trichterförmige Strudel kosmische Energie herunter transformiert und für den Körper nutzbar gemacht. Sie sind die Brücke zwischen dem Feinstofflichen und dem Grobstofflichen.

Was zunächst abgefahren klingen mag, entpuppt sich bei genauerer Betrachtung als eine Segnung höchster Güte. Jedes dieser Chakren hat unter anderem einen Namen, einen Ort, eine Farbe, eine Hormondrüse, einen Aspekt, einen Planeten (oder zwei, je nachdem, welcher Betrachtung man Glauben schenkt), zwei Tierkreiszeichen, eine Tugend, eine Tarotkarte. einen Ton u.v.m.

Hier wird das 2. hermetische Prinzip der *Ent-sprechung* sehr deutlich. Alles *ent-spricht* etwas anderem – ist analog zu etwas anderem. In der Praxis bedeutet das für dich, dass dir zahlreiche, direkte Hilfsmittel zur Verfügung stehen, mit denen du bestimmte Aspekte deines Seins energetisieren und ausgleichen kannst. Die Tabellen auf den folgenden Seiten geben dir darüber Aufschluss. Sie lieferten dir zahlreiche Hinweise, worauf du deine Aufmerksamkeit richten kannst, wenn du bestimmte Dinge wieder in *Ein-klang* bringen möchtest. Dieses System arbeitet dabei an der Grenze des Verstandes. So ist es durchaus hilfreich, es als gegeben anzunehmen und dankbar davon Gebrauch zu machen. Dazu ist es nämlich da.

Chakra-Farbe	Name	Ort	Hormondrüse	Aspekt	Planet	Tierkreiszeichen
7 Purpur	Sahasrara	Scheitel	Zirbeldrüse	Spiritualität, Heilung, Ausgleich, Dienst	Mond (Neptun)	Löwe
6 Indigo	Ajna	Braue, zwischen den Augen	Hirnanhang-drüse	Intuition, Übersinnliches "Wissen", viel Träumen	Merkur (Mond, Jupiter)	Löwe (+), Krebs (-)
5 Blau	Vishuddha	Kehle	Schilddrüse	Kommunikation Autorität	Venus (Merkur)	Jungfrau (-), Zwillinge (+)
4 Grün	Anahata	Herz	Thymusdrüse	Mitgefühl Vergebung Dankbarkeit	Sonne (Venus, Mond, Saturn)	Waage (+), Stier (-)
3 Gelb	Manipura	Solarplexus	Bauchspeichel-drüse	Selbstermächtigung Selbstschätzung Selbstverwirklichung	Mars (Sonne)	Skorpion (-), Widder (+)
2 Orange	Swadhistana	Kreuzbein-geflecht	Nebennieren	Kreativität, Beziehungen Sexualität	Jupiter (Venus)	Schütze (+), Fische (-)
1 Rot	Muladhara	Perineum	Eierstöcke, Hoden	Potential, Sicherheit, Überleben, Familie, Stamm	Saturn (Mars)	Steinbock (-), Wassermann (+)

Chakra - Farbe	Name	Tugend	Tarot	Ton	Schüssler Salz	Frequenz (hz)	Chemie	Tonleiter
7 Purpur	Sahasrara	Weisheit	Die Welt	-	Mag Phos (L)	216 – 432 – 864	Coagulation (Oneness)	A 6th
6 Indigo	Ajna	Hoffnung	Der Stern	Aum	Mag Phos (L) Calc Fluor (C)	144 – 288 – 576	Distillation (M)	D Oct
5 Blau	Vishuddha	Mäßigung	Mäßigung	Ham	Kali Sulph (V) Kali Mur (G)	192 – 384 – 768	Fermentation (M)	G 2nd
4 Grün	Anahata	Gerechtigkeit	Gerechtigkeit	Yam (Wind)	Nat Phos (L) Nat Sulph (T)	128 – 256 – 512	Conjunction (M)	C 5th
3 Gelb	Manipura	Stärke	Stärke	Ram (Feuer)	Kali Phos (A) Calc Sulph (S)	182 – 364 – 728	Separation (F)	F# 7th
2 Orange	Swadhistana	Liebe	Die Liebenden	Wem (Wasser)	Silicea (S) Ferrum Phos (P)	303 – 606 – 1212	Dissolution (F)	Eb 3rd
1 Rot	Muladhara	Vertrauen	Der Narr	Lam (Erde)	Calc Phos (C) Nat Mur (A)	228 – 456 - 912	Calcination (F)	Bb 4th

Chakra - Farbe	Name	Element	Qualität	Blockiert durch	Befreiung durch
7 Purpur	Sahasrara	Gedanken	Kosmische Energie	Materielle Bindung	Meditation über das, was dich an diese Welt bindet
6 Indigo	Ajna	Licht	Einsicht / Erkenntnis	Illusion	Das Loslassen der Illusion der Trennung
5 Blau	Vishuddha	Klang	Wahrheit	Lügen	Das Loslassen von Verleugnung und der Lügen, die du dir erzählst
4 Grün	Anahata	Luft	Liebe	Trauer	Das Loslassen von Trauer und Verlust
3 Gelb	Manipura	Feuer	Willensstärke	Schamgefühl Verurteilung	Das Loslassen von Enttäuschungen
2 Orange	Swadhistana	Wasser	Genuss	Schuld	Sich selbst vergeben (Ho'oponopono)
1 Rot	Muladhara	Erde	Überleben	Angst	Die Entwicklung von Mut und Zuversicht

Töne und Farben haben die Eigenschaft, direkt am Verstand vorbei zu gehen. Das ist vor allem dann nützlich, wenn es zu Beginn noch Ungewissheit und Zweifel gibt.

SOLFEGGIO TONLEITER

Die antike Solfeggio Tonleiter ist eine Anordnung von Tönen, denen bestimmte Qualitäten nachgesagt werden. Hierzu schrieb Rolf Schwarz von Alleinklang.tv: *„Bei den Solfeggio Frequenzen handelt es sich um eine Sechstonleiter, welche bereits im frühen Mittelalter musikalisch zur Intonierung heiliger Gesänge Verwendung fanden. So bei den Gregorianischen Sprechgesängen, wobei man schon damals stark bewusstseinsentfaltende Effekte feststellte."*

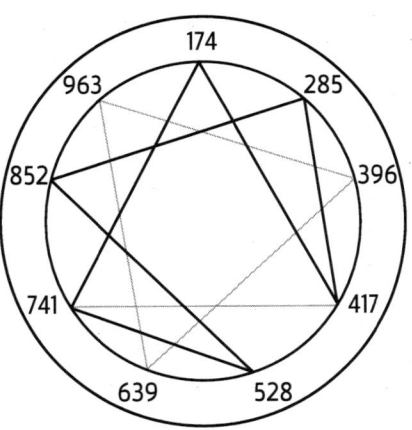

396 Hz   Emotionale Muster auflösen. Befreiung von Schuld, Scham und Angst.

417 Hz   Resonanz. Löst Traumata und erleichtert Veränderungen.

528 Hz   Liebesfrequenz. DNA-Integrität und Reparatur. Transformation und Wunder.

639 Hz   Ganzheitliche Ausrichtung. Verbundenheit. Harmonische Beziehungen.

741 Hz   Intuitive Zustände und nicht-lineares Wissen. Erwachen. Intuition. Lösung von Verunreinigungen.

852 Hz   Bedingungslose Liebe und die Rückkehr zur spirituellen Ordnung.

Dazu noch einmal Rolf Schwarz: „*Mit der neuen Frequenz 963Hz wird die Vollendung der materiellen Zellen innerhalb eines mensch-lich-unbewussten Kreislaufs stimuliert, und sie fördert den Aufbruch zum Goldenen Zeitalter der Wiedergeburt des Gottmenschen und das Verlassen der unteren Materieebenen.*"

Du weißt ja bereits, dass Änderungen in der Schwingung zu Verän-derungen in der Materie führen. Daher ist es nachvollziehbar, dass bestimmte Frequenzen ihnen entsprechende Materialisierungen mit sich bringen. Bis zu welchem Grad, das muss noch abschließend festgestellt werden.

Die Solfeggio Skala hilft dir dabei, deinen Geist neu auszurichten. Selbst wenn die Töne mit der Qualität nicht übereinstimmen sollten, so tut es auf jeden Fall dein Bewusstsein – und das ist bekanntlich alles, was zählt. Erinnere dich: es gibt keine Trennung. Alles ist eins.

Im Internet findest du dazu zahlreiche nützliche Videos, unter anderem die der Nutzer jezebeldecibel *(Beyond Meditation)* und mountainmystic9 *(Source Vibrations)*. Höre sie dir mit guten Kopfhö-rern an und lasse diese Töne gründlich auf dich wirken. Du wirst von ihrer angenehmen Wirkung überrascht sein.

FARBEN

So wie du Töne benutzt, kannst du dich auch gedanklich auf bestimmte Farben einstimmen, um Veränderungen in deiner Stim-mungslage zu erfahren. Farben beeinflussen dich auf emotionaler Ebene, woraus hervorgeht, wie kraftvoll sie sind. Achte somit genau auf die Farben, mit denen du dich umgibst. Das gilt für dein Auto, deine Wohnung, deinen Arbeitsplatz und deine Kleidung, aber auch für die Farbwahlen anderer Menschen und Orte, mit oder an denen du dich aufhältst.

Mit welchen Qualitäten die Farben in Verbindung stehen, konntest du ja bereits der Chakra Tabelle entnehmen. Benutze auch sie (die Farben), um in deinem Wesen Harmonie wieder herzustellen und es lebensrichtig zu energetisieren. Einfach. Praktisch. Gut.

KAPITEL 6 – EINTAUCHEN

Es ist vollkommen gerechtfertigt zu fragen, was das Thema der Hermetik in einem Erfolgsbuch zu suchen hat, ist es doch eher esoterisch vorbelastet und somit für Unwissende von zweifelhaftem Ruf. Aber nochmals: Behalte eine offene Einstellung, denn das Wissen um die sieben hermetischen Prinzipien ist von nahezu unschätzbarem Wert. Warum? Weil die gesamte Schöpfung – und somit auch dein Leben, lieber Leser – davon abhängt. Du hast richtig gelesen: Dein gesamtes Leben!

Erlaube mir daher, diese sieben Prinzipien, wie sie von Hermes Trismegistus, dem Dreifach-Großen, vor vielen Tausend Jahren auf den sogenannten Smaragdtafeln niedergeschrieben wurden, hier kurz und prägnant zu erläutern. Dreifach groß war er übrigens deswegen, weil er über alle drei Ebenen der Schöpfung herrschte. Der „Mann" wusste also Bescheid. Entsprechend respektvoll und würdigend sollte mit seinen Weisheiten umgegangen werden. Wie innen, so außen!

Das Diagramm auf der folgenden Seite ist die beste Erklärung dieser Smaragdtafeln, da es die korrekten Gehirnreaktionen stimuliert. Es ruft Intuition, Vorstellungskraft und Einsicht hervor. Jegliche verbale Erklärung wäre unvollständig; ein Startpunkt sei dir jedoch gegeben: *Visita Interiora Terrae Rectificando Invenies Occultum Lapidem.* „Besuche die innere Welt und – durch Korrektur – entdecke den Stein der Weisen." Du darfst diesbezüglich gerne weiterforschen.

Im Diagramm befinden sich die Zahlen 1 • 3 • 7 • 12. Sie stehen für **ein Bewusstsein**– eine Einheit des Wesens; für **3 schöpferische Kräfte**: körperlich, geistig, und seelisch; für **7 Energiezentren**, auch

Chakren genannt; für **12 Körperfunktionen**, die z.B. auf der astrologischen (geistigen) Ebene den Tierkreiszeichen entsprechen. Mögen dir diese ersten Hinweise über das dieses Buch hinaus den richtigen Weg weisen. *Solve et Coagula.*

Als ich mich mit dem Master Key System zu befassen begann, wurde mir schnell klar, dass es eine praktische Hülle für die Hermetik ist. Das Buch „Kybalion" (Autor: Die Drei Eingeweihten, in Wirklichkeit aber wohl von William Walker Atkinson), aus dem die Zitate entstammen, kannte ich schon seit geraumer Zeit. Erst mit dem Master Key System bekam es für mich eine neue, sehr viel praktischere Bedeutung. Übrigens: Meine Verweise auf das Master Key System sollten dich anspornen, dich eingehender damit zu befassen.

Im Rahmen meiner Tätigkeiten habe ich die hermetische Lehre dann auch in meine Vorträge eingebaut, wo ich sie bewusst vereinfacht habe, denn den Anfänger überfordert dieses komplexe Wissen zu Beginn doch recht schnell – das tat es mich am Anfang übrigens auch. Manche mag das von einer Vertiefung abhalten, aber das muss nicht sein, denn was komplex ist, muss nicht kompliziert sein. So habe ich diese Prinzipien auf einfache Fragen und nachvollziehbare Aussagen reduziert, damit du sie im täglichen Leben gleich praktisch anwenden kannst.

Natürlich gehört eine Menge mehr dazu als ich hier aufzeige. Primär geht es den Freimaurern und Rosenkreuzern, die dieses Wissen ungeachtet aller Verfolgungen der Kirche über die Jahrhunderte aufrecht erhalten haben, um das "Meißeln am eigenen Stein", d.h. das stete Verbessern des eigenen Wesens durch ein Verständnis natürlicher Gesetzmäßigkeiten. Damit befinden sie sich im Einklang mit der stetigen Vorwärtsbewegung des Großen Ganzen.

Ich gehe hier nicht auf die Details und die dahinter liegende Symbolik ein, denn das würde Bände füllen. Ich möchte dich hier nur kurz auf die Symbolik der Zahlen aufmerksam machen, denn jede Zahl hat eine bestimmte Qualität und Energie.

Wenn du magst, kannst du dieses Thema gesondert weiter verfolgen, denn es ist sehr interessant, da Zahlen durch ihre Qualität eine eigene Sprache sprechen, die sich unter anderem durch die Numerologie Ausdruck verschafft. Und: Erfolg hat ja bekanntlich was mit Zahlen zu tun, ob nun geschäftlich oder privat.

Ich lege hier mittels dieser Prinzipien dar, was auf nicht-physischer Ebene unser Leben von vorn bis hinten bestimmt. Da das Geistige dem Materiellen vorangeht, bestimmen sie auch jegliche materielle Darstellung – vom Partner zur Gesundheit, von Haus und Hof zum Idealberuf.

Sie lauten wie folgt:

1. Geistigkeit (Quelle)
2. Entsprechung (Analogie)
3. Schwingung (Qualität)
4. Polarität (Gegensätze)
5. Rhythmus (Zyklen)
6. Ursache und Wirkung (Karma)
7. Geschlecht (Wechselwirkung)

1. GEISTIGKEIT – WER TRIFFT DIE ENTSCHEIDUNG?

„Unter und hinter dem Universum von Zeit, Raum und Wechsel kann man die substantielle Wirklichkeit, die fundamentale Wahrheit finden, das All. In seinem Wesen ist das All unerkennbar." (Quelle: Kybalion)

Alles hat einen geistigen Ursprung. Alles, was du um dich herum wahrnimmst, entstand zunächst in Form eines Gedanken. Ob du diesen nachvollziehen kannst, ist unerheblich. Der Bildschirm, das Handy, der Baum, die Erde – sie alle entstammen Gedanken, entstammen *Bewusst-seins-ein-heiten*. Materie entsteht nicht aus sich selbst heraus; sie besitzt immer ein sie erschaffendes Prinzip. Somit ist und bleibt sie wandelbar, genauso wie der Bildschirm, das Handy, der Baum und die Erde stetem Wandel unterzogen sind.

Für dich bedeutet das folgendes:

Nirgends steht geschrieben, wie oder was du denken musst.

Denkst du nicht selbständig, wird für dich gedacht. Dann bekommst du das, was andere dir zugedacht haben. Das ist das, was sie wollen, nicht das, was du willst, denn du hast ja gar keinen eigenen Willen ge- und veräußert.

Doch wie kannst du *selb-ständig* denken? Indem du die Stille aufsuchst! Dort stillst du deine Sinne und hörst dir selber einfach mal zu. Nur dadurch wird dir gewahr, was für Gedanken dir in rasanter Abfolge durch den Kopf schießen – meist ohne jegliches Hinterfragen oder gar Aussondieren deinerseits. Tätest du es (das Aussondieren), würdest du sie anschließend in "*wohl-wollend*" und "*un-erwünscht*" einordnen und bei ihrem nächsten Auftreten erneut so verfahren. Das wiederholst du dann so oft, bis der Verstand müde und überdrüssig wird. Das ist übrigens so *vor-gesehen*. Dann übernimmt – wieder rein gesetzmäßig – das Unterbewusstsein die Steuerung, damit sich der Verstand Neuem zuwenden kann.

Es bedarf somit der Kontrolle deiner Gedanken, damit sich eine neue Wirklichkeit einstellen kann. Noch einmal: Kontrollierst du sie nicht selbst, wird das von anderen für dich übernommen. Arbeitest du nicht an der Verwirklichung deines eigenen Traumes – an der Verfeinerung deines eigenen Wesens – arbeitest du für andere, um deren Traum zu verwirklichen. Beides kann aber durchaus Hand in Hand gehen – dafür bedarf es allerdings Aufmerksamkeit und somit Bewusstsein.

Geist ist in jeglicher Hinsicht schöpferisch. Wenn, wie immer wieder gern getan, "auf der anderen Seite" ein Böser oder Schuldiger ausgemacht wird – sei es die Schwiegermutter, der Boss, die Illuminaten oder andere Weltherrscher – dann heißt das, dass es deinem eigenen Geist entsprungen ist. Du musst somit Verantwortung für dein Denken übernehmen. Erzähle deinem Hund etwas von den Bösen und achte auf seine Reaktion. Siehst du, es kann also nur dein Eigenes sein! Und das wird nur dadurch weniger, indem du es in dir selbst heilst, d.h. wieder ins Gleichgewicht bringst – Ursache und Wirkung halt.

Du erkennst es als das an, was es in Wahrheit ist, nämlich „dein Eigenes", und gehst somit aus der Dualität (Trennung) heraus. So schaffst du Ordnung aus dem Chaos. So – und nur so – ist es möglich, dauerhaft in Friede und Freude und wahrer Erfüllung zu leben.

Solange du dich vom Außen getrennt wähnst, be-sitzt es Macht über dich und daher über deine Umstände. Kommst du heraus aus der Trennung und hinein in die Einheit, ergreifst du die Macht und nimmst sie für dich in Besitz.

Du verstehst: Es geht hier um deine geistige Inanspruchnahme. Vor allem was den persönlichen Erfolg anbelangt, gibt es keine Antwort, wenn keine Frage gestellt wird. Stelle die Frage! Nimm es in Anspruch! Sprich es an! Befasse dich damit! Sage dir, dass du gut genug bist und es verdient hast. Stimme dich auf die Sache ein. Stimme dich auf den Geist der Sache ein, denn dieser bestimmt die letztendliche Manifestation. Immer und immer wieder.

Gedankliche Energie manifestiert sich ausschließlich durch stete Wiederholung. Ohne diese wäre sie viel zu flüchtig. Es bedarf also Nach-druck, um sie in ihrem Wesen und ihrer Struktur zu festigen und zur Darstellung zu bringen. Dazu gleich mehr.

Triff du also von nun an die Entscheidungen. Im nächsten Kapitel gebe ich dir dazu genaue Anleitungen, denn es bedarf Körperkontrolle und -entspannung und Gedankenkontrolle und -entspannung, um selbst Entscheidungen zu treffen. Wer sich nicht selbst kontrolliert, wird kontrolliert, und da wären wir wieder bei der Frage: Wer trifft die Entscheidung?

2. Entsprechung – Womit ist es verbunden?

„Wie oben, so unten; wie innen, so außen." 3 Ebenen (Zustände, Beschaffenheiten): Körperlich, Mental, Spirituell. Jeweils 7 Unterpläne mit 7 Unterabteilungen.

Du kannst dich auf die Gesetzmäßigkeiten der Schöpfung verlassen!

Dieser Aspekt ist sehr wichtig zu verstehen. Was auf der geistigen Ebene erschaffen wurde, sucht sich auf der mentalen und schließlich körperlich-emotionalen Ebene Ausdruck. Der Sonnenblumensamen wird zur Sonnenblume, aber auch nur dann, wenn er sich energetisch wie vorgesehen entfalten kann. Das kann er nicht, wenn er durch Zweifel, Ängste und Missstimmung untergraben wird. Lässt du ihn in der Stille die niederen Ebenen durchdringen und an ihnen nähren, kannst du dich darauf verlassen, dass die Saat aufgeht und dir eine entsprechende Ernte einbringen wird.

Es bedarf Geduld, Disziplin (Gedankenkontrolle!), Reinheit, Glauben, Vertrauen und stetem "Wässern" (Handeln / Konsequente Umsetzung der Gedanken), bis die Blüte zum Vorschein kommt. Über das Endresultat musst du dir dann wahrlich keine Gedanken mehr machen und brauchst auch den Prozess nicht mehr anzuzweifeln.

Das Geistige – oder Spirituelle – kommt immer zuerst. Es sucht sich auf der dann folgenden, niederen Ebene Ausdruck. „Der Geist einer Sache ist die Sache selbst," schrieb Charles Haanel im Master Key System. Es ist die Ebene der Gedanken. Diese greifen nach Worten.

Das Wort bestimmt niemals den Gedanken, sehr wohl aber das Gefühl und die Handlung, weil diese in der Hierarchie schwingungstechnisch darunterliegen. Die Handlung – und du hast es dir bestimmt schon gedacht – führt zum Erfolg. Wenn du mit ihnen (den Gedanken) daneben liegen solltest, dann eben zum Misserfolg.

Ein reiner Gedanke führt zu reinen Worten, die zu reinen Gefühlen und somit zu reinen Handlungen führen. Wer die Wahrheit denkt, muss sich über niedere Elemente nicht mehr sorgen. Er lebt frei von Druck, Zweifel und jeglicher Form negativer Emotionen – er lebt ein Leben auf höheren Ebenen.

Wichtig zu wissen ist in diesem Zusammenhang auch, dass das Höhere ins Niedere hinabreicht, das Niedere aber nicht ins Höhere hinaufreichen kann. Daher wirst du als Mensch auch von einer höheren Ebene beatmet, genau so wie du z.B. deinem Haustier Fähigkeiten beibringst, die es selbst nie erlangen könnte. Bringe dich also in Einklang, anstatt mit purer Willenskraft zu versuchen, etwas zu erzwingen. Solch ein Vorgang wirkt sich unweigerlich zu deinem Nachteil aus.

Neue Fähigkeiten erlangst du allein durch Handlung, nicht einfach nur durch Denken oder Reden oder Affirmieren. Im folgenden Abschnitt lernst du, was es damit auf sich hat.

3. SCHWINGUNG – WO BEFINDE ICH MICH?

„Nichts ruht, alles bewegt sich; alles schwingt." „Wer das Prinzip der Schwingung versteht, hat das Zepter der Macht erlangt." „Um deine Stimmung oder deinen mentalen Zustand zu ändern, ändere deine Gedanken."

Schwingung ist der Vorreiter der Form (siehe hier: Heiner Lauterwasser, Hans Jenny und Ernst Chladni). Alles ist in steter Bewegung. Änderst du Deine Gedanken, ändert sich die Schwingung. Ändert sich die Schwingung, ändert sich die Form – muss sich die Form verändern! Auch das ist Gesetz.

Jegliche Form besteht aus einer ihr eigenen Schwingungsrate oder Kombination von Schwingungsraten. Form ist in Raum und Zeit

„gefrorene" Schwingung. Form ist Struktur und Ordnung. Änderst du die Schwingung, ändern sich Struktur und Ordnung.

Nur Geist ist ewig. Materie unterliegt einem stetigen Wandel. Mit dem Geist (dem Bewusstsein) herrschst du über die Materie und somit auch über deinen Körper (Gesundheit!).

Gedanken (geistige Bilder) stehen immer am Anfang, müssen dann aber durch Gefühle *ver-stärkt* und durch Handlungen *ver-wirklicht* werden, um auch nur irgendetwas zu erreichen. Frage dich somit, wie viel Zeit du *ver-bringst*, über die von dir gewünschten Dinge zu sprechen. Wie viel Zeit hingegen verbringst du damit, sie auch durch Gefühle zu verstärken und in entsprechende Handlungen umzusetzen?

Frage dich auch folgendes: Hast du einen Plan? Schreibst du dir auf, was du erreichen willst? Feierst du die kleinen Erfolge? Belohnst du dich zwischendurch für die erzielten Fortschritte? Gleichst du dich mit Zeitpunkten in der Vergangenheit ab? Erkennst du die vielen kleinen Erfolge, die du bereits erzielt hast? Hast du dir stete Dankbarkeit zu einer Angewohnheit gemacht?

Viele Menschen haben nur das eine große Ziel im Auge, sind aber permanent *ent-täuscht* (das Ende der Täuschung), weil sie es nicht erreichen. Doch warum nicht? Weil sie nicht begreifen, dass Schwingung durch Resonanz auch Wachstum bedeutet; dass das Erreichen des Ziels in den allerwenigsten Fällen ein Quantensprung ist, sondern ein klitzekleiner Schritt von – sagen wir – 11 auf 12. Dann nämlich ist es bereits *offen-sichtlich* und vollkommen natürlich.

So ist auch die Freude meist gedämpfter Natur, wenn das Ziel erreicht ist. Erstens hat man es im Innen bereits seit geraumer Zeit gelebt, und zweitens ist die Erfüllung kein großes Ding mehr, sondern eine Selbstverständlichkeit – sie versteht sich von selbst. Lass dir diese Aussage mal auf der Zunge zergehen.

Schrittweise schwingst du dich empor. Die Schritte erkennst du aber nur dann, wenn du dazwischen immer wieder einmal inne hältst, durchatmest, Abstand nimmst und auf das zurückschaust, was du bereits alles erreicht hast.

Hierzu eine kleine Anekdote: Neulich habe ich die Resultate der Master Key System Kundenumfrage ausgewertet. Drei Fragen davon gingen darum, wie sehr sich das Studium auf die Liebe, die Gesundheit und die Finanzen ausgewirkt hat. Bei der Gesundheit waren die besten Fortschritte ersichtlich; bei den Finanzen hingegen hat sich nur bei wenigen etwas getan. Warum wohl? Ich nehme mal an, weil sie das Kleine nicht schätzen. So kann das Große auch nicht zu ihnen kommen.

Charles Haanel schrieb im Master Key System, dass es für große Resultate große Gedanken und große Handlungen bedarf. Große Handlungen bedürfen eines gänzlich anderen Lebensstils. Wird dieser aber nicht oder nur geringfügig verändert, muss es zu *entsprechenden* Resultaten kommen.

Mit dem Lebensstil meine ich nicht das teure Auto oder Haus, sondern vielmehr eine angepasste Ernährung, ein geordneter und konsequenter Tagesablauf, ein Verbringen mit ganz anderen Menschen und vor allem natürlich eine ganz andere geistige Ausrichtung, Zielsetzung und Lebensphilosophie. Präge dir das gut ein!

Daran kannst du erkennen, was es bedarf, um aus der Misere heraus und in den dauerhaften Lebenserfolg hinein zu kommen. Zuvor aber gilt es noch zu lernen, was es mit der Polarität auf sich hat, denn diese ist von paradoxer Natur. Eine Sache kann nämlich zur gleichen Zeit etwas sein, aber auch etwas nicht sein.

Wenn du sie aber verstehst, bist du in der Lage, dich immer richtig zu orientieren, sowohl mit deinen Gedanken als auch deinen Worten und Handlungen. Und wenn diese richtig sind, ist Erfolg die logische Konsequenz.

4. Polarität (Opposition) – Wohin bewege ich mich?

„Alles ist zweifach; alles hat Pole; alles hat seine zwei Gegensätze; Gleich und Ungleich ist dasselbe; Gegensätze

sind ihrer Natur nach identisch, nur im Grad verschieden; Extreme begegnen einander; alle Wahrheiten sind nur Halb-Wahrheiten, alle Paradoxe können in Übereinstimmung gebracht werden." „Um ein unerwünschtes Maß mentaler Schwingung zu beseitigen, konzentriere dich auf den Pol, der dem, was du unterdrücken willst, entgegengesetzt ist. Ertöte das Unerwünschte, indem du seine Polarität änderst."

Der ach so oft begangene Fehler ist der, dass sich Menschen gedanklich mit dem befassen, was sie eigentlich gar nicht haben wollen. Du hast sicherlich schon gehört, dass das Universum keine Verneinung kennt. Wenn ich nicht an grenzenlosen Erfolg denken will, erschafft sich das Gehirn automatisch ein Bild grenzenlosen Erfolges. Das ist eine Schwingung, die ihr selbst ähnliche Schwingungen anzieht, d.h. in Resonanz mit ihnen geht. Das ist das Gesetz der Anziehung. Im geistigen Bereich zieht Gleiches Gleiches an. Punkt, Ende, Aus.

Wenn du jetzt fragen magst, warum z.B. eine Frau oft einen herrschsüchtigen oder gewalttätigen Mann anzieht, beide aber nicht gleich sind, dann verstehe, dass hier das Starke über das Schwache herrscht. Das Schwache fühlt sich unterbewusst dem Starken hingezogen, denn in seinem Wesenskern ist es auch reine Stärke. Nur weiß es sich momentan noch nicht anders zu helfen.

Mit einem richtigen Verständnis der Hermetik ändert sich aber auch das. Dann geht diese Frau mit diesem Mann nicht mehr in Resonanz. Sie beschreitet mutig ihren eigenen Weg, der allerdings nichts mit der unterbewusst ausgelebten Herrschsucht des Mannes zu tun hat. Daher haben sie sich auch nichts mehr zu sagen. Auch hier wunderbar, wie die deutsche Sprache wirkt.

Die Pole sind in ihrer Art gleich, nur im Grad unterschiedlich. Reichtum bedeutet nur eine relative Abwesenheit von Armut. Gesundheit die Abwesenheit von Krankheit. Liebe die Abwesenheit negativer Emotionen.

Polarität besteht deswegen, um Dinge in Bezug zueinander zu setzen. Gäbe es nur einen Pol, könnte dieser gar nicht beschrieben werden. Was wäre denn z.B. der Tag ohne die Nacht? Das bedeutet für dich, dass dir die negativen Pole (Armut, Krankheit, Neid, Hass, Missgunst etc.) ausschließlich dazu dienen, dich gedanklich neu zu orientieren. Lehne sie nicht ab, sondern integriere sie. Erkenne ihre Bedeutung, nämlich die, dir auf deiner Reise aufzuzeigen, wer oder was du nicht sein willst. Strebe dann dem lebensrichtigen Pol zu und verankere dich dort, damit du vom ewigen Auf- und Abschwung des Lebens (siehe nächstes Prinzip) unberührt bleibst. Unbewusste Menschen werden mitgerissen. Bewusste Menschen handeln weise, wenn das Pendel zurückschwingt – und das tut es stets. Ohne diese Bewegung gäbe es kein Leben und somit auch keine Entwicklung.

Wie soll sich jedoch reell eine neue Wirklichkeit einstellen, wenn zuerst *gedanklich* keine neue Wirklichkeit erschaffen wurde? Es bedarf Disziplin und Beharrlichkeit, um neue geistige Haltungen zu erschaffen. Stille und Routine. Mut und Zuversicht. Auf jeden Fall aber *musst* du dich von dem Pol abwenden, dessen Qualität du nicht mehr erleben möchtest.

Es spielt keine Rolle, ob es örtliche, berufliche, zwischenmenschliche oder gesellschaftliche Veränderungen sind. Du kannst nicht erwarten, dass sich für dich eine neue Wirklichkeit einstellt, wenn du weiterhin in einem Umfeld verweilst, dass dir direkt oder indirekt genau das Leben beschert hat, welches du jetzt so *sehn-süchtig* zu ändern oder abzulegen versuchst.

Es ist also ein steter Werdungsprozess, kein schnell herbeigeführter Quick-Fix. Hier geht es um das Sein, das dich anschließend zum Haben führt – ein erfolgreiches Sein in Harmonie mit einem erfolgreichen Haben. Dabei kannst du dich aber auf diese Prinzipien / Gesetzmäßigkeiten verlassen. Das schafft Ruhe und Besonnenheit, Vertrauen in den Prozess und Dankbarkeit für die Schöpfung.

Um zu sein, musst du üben. Üben, üben und noch mehr üben! Es ist diese Disziplin und Beharrlichkeit, die alle erfolgreichen Menschen auszeichnet. Unstetigkeit, Vorurteile, unkontrollierte Emotionen und mangelndes Dabeibleiben (d.h. ewiges Suchen) zeichnen die Menschen aus, die nicht erfolgreich sind. Nicht *er-folg-reich*!

REICH FOLGT IHM. REICH FOLGT GOTT. REICH FOLGT DEM
PRINZIP. REICH FOLGT DER WAHRHEIT!

Dein Befolgen des Gesetzes führt dazu, dass das Gesetz dir folgt!

5. Rhythmus – Wann ist der beste Zeitpunkt?

*„Alles fließt, aus und ein; alles hat seine Gezeiten; alles hebt
sich und fällt; der Schwung des Pendels äußert sich in allem;
der Ausschlag des Pendels nach rechts ist das Maß für den
Ausschlag nach links; Rhythmus gleicht aus." „Rhythmus
kann durch die Anwendung der Kunst der Polarisation
neutralisiert werden."*

Rhythmus ist wie Schwingung und Polarität notwendig, um Dinge zu
beschreiben. Rhythmus schafft Ausgleich. Rhythmus macht vorher-
sehbar. Rhythmus macht ruhig und gelassen.

Der Mensch unterliegt etlichen Rhythmen im Leben. Das beginnt
mit dem Tagesryhthmus, der von der Sonne bestimmt wird. Dem
folgt der Wochenrhythmus, der durch die Planeten bestimmt wird.
Mond-tag, Mars-tag, Merkur-tag, Jupiter-tag, Venus-tag, Saturn-
tag, Sonn-tag. Die Franzosen haben sich die Verbindung in ihren
Wochentagen noch bewahrt: Lunedi, Mardi, Mercredi, Jeudi, Vend-
redi, Samedi, Dimanche.

Dem folgt der Jahresrhythmus (Erde-Sonne), gefolgt von etlichen
planetarischen Rhythmen, sowie dem Voranschreiten der Tag-
und Nachtgleiche (ca. 26.000 Jahre), der durch die trichterförmige
Schlingerbewegung unseres Sonnensystems verursacht wird. Und
darüber hinaus gibt es noch welche, die Schwingungsraten von
vielen Hunderttausend oder Millionen von Jahren haben.

Jeder Abschnitt hat eine bestimmte Qualität. Weiß ich um die Qualität,
kann ich mich auf Perioden des Wachstums (Ausatmens) genauso
einstellen wie auf Perioden der Konsolidierung (Einatmens). Eine
Unkenntnis der Rhythmen führt dazu, dass man das Richtige zum
falschen Zeitpunkt tut. Eine Kenntnis der Rhythmen führt dazu, dass

man das Richtige zum richtigen Zeitpunkt tut und somit in Resonanz geht, d.h. es verstärkt und so zur Verwirklichung bringt.

Rhythmus schafft vor allem aber Gewissheit – und dadurch innere Ruhe. Wenn ich weiß, wann was wiederkehrt, kann ich mich darauf einstellen. Auch hier brilliert wieder einmal die deutsche Sprache mit ihrer Genauigkeit. Ich *wieder-hole* das gerne, denn das Einstellen auf das, worüber ich keine direkte Kontrolle habe, ist ein wesentlicher Bestandteil des Erfolges.

Interessanterweise haben sich u.a. das Volk der Maya aus Zentralamerika mit einer Vielzahl von Rhythmen befasst und klassifizierten diese in etlichen Kalendersystemen. Sie beobachteten die Planeten und ihre Konjunktionen sehr genau und befassten sich mit der Entwicklung des Bewusstseins. Sie schufen eigens dafür den Tzol'kin (Zählung der Tage) Kalender, der es ihnen erlaubte, sich in einem asynchronen Rhythmus von 260 Tagen (13 Töne und 20 Zeichen) so auszurichten, dass ihr Bewusstsein schrittweise auf eine höhere Ebene gehoben wurde.

Im Gegensatz dazu dreht sich unser gregorianischer Kalender allein um materielle Objekte (Erde „um" Sonne, Mond und Erde umeinander), schenkt dem Bewusstsein aber keinerlei Beachtung. Das mag auch die gegenwärtige Verwirrung und Unruhe erklären, die sich seit geraumer Zeit bei den Menschen zeigt. Auch hier gilt: Weiß ich um die Rhythmen – sowohl die materiellen als auch die immateriellen, kann ich mich auf die damit einhergehenden Energien und Qualitäten einstellen.

In „The Law of One" von Ra, einem demütigen Übermittler des Einen Gesetzes, berichtet dieser von einem 18 Tage Rhythmus in Sinuswellenform, der zwischen dem 4. und 5. Tag eine „Hochzeit" hat, am 9. und 18. Tag kritisch ist. Dann durchstößt die Linie die Nulllinie von oben und von unten. Du darfst diesbezüglich weitere Nachforschungen betreiben und persönliche Aufzeichnungen machen.

6. URSACHE UND WIRKUNG – WARUM TUE ICH ES?

*„Jede Ursache hat ihre Wirkung; jede Wirkung hat ihre
Ursache; alles geschieht gesetzmäßig; Zufall ist nur ein
Name für ein unbekanntes Gesetz; es gibt viele Pläne von
Ursachen, aber nichts entgeht dem Gesetz." „Es gibt viele
Pläne der Verursachung, und man kann die Gesetze der
höheren Pläne (Ebenen, Beschaffenheiten, Eigenschaften)
anwenden, um die Gesetze der niederen Pläne
zu überwinden."*

Das Denken des gewöhnlichen Menschen ist viel zu oberflächlich,
um überhaupt etwas zu bewirken. Tiefe Einsichten kommen nur
durch tiefes Denken, was aber nicht mit Anstrengung verwechselt
werden sollte. Der Mensch hat durch genaue und wertfreie Beobachtung der Natur ihre Geheimnisse abgerungen. So wird es auch
dir ergehen. Erst wenn du erkennst, was die *Ur-sache* – die ursprüngliche Sache – ist, kannst du diese umkehren (die Polarität ändern)
und so auch die Auswirkung *be-stimmen.*

Durch Ursachenforschung kommt man dazu, zu kategorisieren und
zu klassifizieren. Durch Ursachenforschung (induktives Denken)
schließt man vom Besonderen aufs Allgemeine. Dadurch entstehen
Gesetzmäßigkeiten, die dir Gewissheit und Bestimmtheit geben
und den Druck und die Zweifel nehmen. Das führt zu innerer Ruhe
und Gelassenheit. Diese führt schließlich zu intelligenten Entscheidungen und somit zur Fortführung des Lebens selbst.

Es gibt keinen "Anderen". Dein Leben entspringt deinem Geist.
Geist ist unteilbar. Aller Geist ist ein Geist. Alles Bewusstsein ist
ein Bewusstsein. Wenn dir im Außen etwas nicht gefällt, heile es in
dir. Sende ihm Licht und Liebe, denn darauf basiert die Schöpfung.
„Das Gesetz der Anziehung und das Gesetz der Liebe sind ein und
dasselbe", schrieb Charles Haanel im Master Key System.

Polarität, d.h. die Gegensätze, wird es so lange geben, wie es Schöpfung gibt. Vereine sie in dir. Lehne das Böse nicht ab, sondern
transformiere es. Das ist wahre Meisterschaft. Du musst also das
Alte nicht erst nieder reißen und zerstören. Es reicht, das Neue
aufzubauen, und das bedarf eines stetigen *Be-fassen* damit – d.h.

einer *Bewusst-werdung.* Diese Arbeit nimmt dir aber niemand ab. Sie ist allein deine!

Ursache und Wirkung sind aber nicht linear; die Interaktion ist auch nicht immer sofort offensichtlich. Das tritt z.b. bei den hungernden Kindern in Afrika zu Tage, aber auch bei politischen Entscheidungen, bei Geburts- und Gendefekten sowie Völkermord. Es tritt sogar bei partnerschaftlichen Trennungen zu Tage.

Es wird auch immer wieder gefragt, ob sich die Juden, Armenier oder Hutus, die einem Völkermord zum Opfer gefallen sind, das individuell gewünscht haben. Natürlich nicht. Sie waren jedoch Teil eines Systems vielfacher Ursachen und Wirkungen, in dem sie anschließend gefangen waren und so kollektiv behandelt wurden. Hätten sie ein höheres Bewusstsein gehabt, hätten sie die drohende Gefahr erkannt, rechtzeitig gehandelt und sich in Sicherheit gebracht, oder die Gefahr eben kollektiv abgewandt. Auch daran erkennst du, dass es der Masse noch an Bewusstsein mangelt, u.a. auch deswegen, weil sie sich immer wieder in gewalttätige Konflikte verwickeln lässt, ganz gleich ob häuslicher oder völkischer Natur. Vor allem: Wer sich irgendwelchen kulturellen oder religiösen Kreisen anschließt oder zugehörig fühlt, muss damit rechnen, dass ihn Handlungen treffen, die mit ihm individuell gar nichts zu tun haben, sich aber gegen die Kultur oder Religion richten.

Dieselbe Einsicht gilt auch für dich, vor dann, allem wenn etablierte Systeme instabil werden und dazu noch bestimmten astrologisch prägenden Einflüssen unterliegen. Dann kann es schnell zu globalem Unheil kommen, „nur deswegen, weil einige wenige Männer in hohen Positionen nicht wussten, dass einer Kraft immer mit gleicher oder mit noch höherer Kraft begegnet wird. Sie wussten nicht, dass ein höheres Gesetz immer ein niedrigeres Gesetz kontrolliert." So schrieb es Charles Haanel in „Ein Buch über Dich".

Dein Verstand ist nicht immer in der Lage, alle Einzelheiten wahrzunehmen und zu begreifen. Das soll er auch gar nicht. Er soll lediglich die Qualität erkennen und entsprechend handeln. Dazu bedarf es einer genauen Betrachtung unterhalb der Oberfläche, denn das, was offensichtlich ist, unterliegt meist vielfältiger Einflussnahme oder gar Manipulation und ist somit unwahr, falsch und oftmals gefährlich.

Die beschränkte Aufnahme- und Verwertungsfähigkeit des Verstandes ist übrigens auch ein Grund, warum wir uns nicht an vorherige Leben erinnern können, vor allem nicht, wenn wir erwachsen sind. Stell dir vor, du wüsstest, was du am 3. August vor 900 Jahren gemacht hast. Und am 4., 5. usw. Und natürlich auch vor 899 Jahren und vor 901 Jahren. Und das ist nur eine der zahlreichen Inkarnationen, die du durchlaufen hast.

Glücklicherweise beschert dir das Leben immer wieder Einsichten in deine Vergangenheit. Das, was noch aufgelöst, vergeben oder geheilt werden muss, kehrt so lange zu dir zurück, bis du dich der Aufgabe annimmst und sie *er-ledigst.*

Wo wir beim Thema sind: Die Ursache für Erfolg ist die Inanspruchnahme von Erfolg. Die Ursache für Erfolg ist das Befassen mit Erfolg. Dieses Buch ist ein Erfolg. Es ist *er-folgt!* Dabei spielt es keine Rolle, wie viele Exemplare davon glückliche Käufer finden. Wichtig ist vielmehr, dass jemand seinem Ruf gefolgt ist und dadurch seine Idee (sein Ideal) verwirklicht hat.

Da das hier vermittelte Wissen Menschen nützt, weiß ich auch, dass ich damit die richtigen Ursachen ins Leben gerufen habe. Über den Rest mache ich mir keine Gedanken – und das solltest du auch nicht.

Folge deiner Verzückung. Schöpfe schöne und liebevolle Dinge. Sie alle werden ihnen *ent-sprechende Aus-wirkungen* haben. Das ist das Geniale an diesen Gesetzmäßigkeiten. Du kannst dich auf sie verlassen. Sie geben dir Gewissheit, Ruhe, Vertrauen. Das führt zu Mut, Planung und konsequenter Handlung. Das Ergebnis: Erfolg!

Mach dir keinen Gedanken über Perfektion. Der amerikanische Direkt Marketing Guru „Rocket" Ray Jutkins meinte einmal: „80% Perfektion sind genug." Dinge ändern sich stetig, und es liegt in der Natur der Sache, dass alles irgendwie noch verbessert werden kann. Um das zu tun, wurde dir Zeit gegeben, denn sie entsteht durch das Vergleichen von etwas mit etwas anderem. Schön, nicht wahr?

7. GESCHLECHT – WIE VERHALTE ICH MICH?

„Geschlecht ist in allem; alles hat sein männliches und sein
weibliches Prinzip; Geschlecht manifestiert sich
auf allen Ebenen."

Es gibt Zeiten, Impulse zu geben, und es gibt Zeiten, Impulse zu empfangen. Ein Verständnis der Rhythmen hilft bei der Entscheidungsfindung. Das Männliche ist das positive, aktive, dominante. Es ist das Proton. Das Weibliche ist das negative, empfängliche, untergeordnete. Es ist das Elektron. Es ist aber auch das Schöpferische. Es wird vom Männlichen – dem risikobereiten Element– angeleitet, welches das Passive – das risikoscheue und aufnahmebereite Element– mit Impulsen versetzt.

Für dich bedeutet das zu verstehen, dass es diese Dualität gibt, dass aber keine ohne die andere auskommt. Es muss ein Gleichgewicht zwischen dem Geben von Impulsen, dem männlich-bestimmten Voranschreiten und Bestimmen, und dem weiblich-empfänglichen Schöpfen, aber auch dem Innehalten, Einordnen, Unterstützen etc. bestehen. Keine Seite ist wichtiger. Alles ist Eins, und das Ying ist nicht wichtiger als das Yang.

Gleichzeitig, und das ist das Paradoxe daran, ist das Männliche – nehmen wir einen Obelisken oder einen Kirchturm – das empfängliche Element, und das Weibliche das, was durch seine Schöpfungsfähigkeit eben auch eine männliche Komponente in sich trägt. Wie das Element der Polarität schon besagte: alles ist zweifach! Paradoxe können miteinander in Übereinstimmung gebracht werden.

Cool, oder? Jetzt weißt du auch, warum manche erfolgreicher sind als andere. Sie haben ein Verständnis der Schöpfungsprinzipien erlangt oder wenden diese unterbewusst an. Dass dort, wo Licht scheint, auch Schatten fällt – er fällt, der Schatten, er steigt nicht auf! – ist vollkommen klar. Aber auch diese Menschen unterliegen dem Gesetz von Ursache und Wirkung. Der Schaden, den sie anderen zufügen, wird zunächst in ihnen selbst entstehen. Wenn sie das wirklich verstünden, würden sie sich anders verhalten.

Wahres Wissen kann nur zu wahrer Anwendung führen. Du kannst also davon ausgehen, dass diejenigen, die manipulieren, nicht im Vollbegriff ihrer geistigen Fähigkeiten sind, ebenso wenig wie die, die sich manipulieren lassen, weil sie ihre Aufmerksamkeit in eine falsche und lebenswidrige Richtung lenken. Da Gleiches aber Gleiches sucht, ziehen sich die, die das Schlechte wollen, und die, die aufgrund ihrer geistigen Schwäche das Schlechte oder Böse für sie verwirklichen, letzten Endes an – oft mit tödlichen Folgen für die Letzteren. Entscheide also weise über die Art und Qualität deiner Gedanken, denn Geist ist schöpferisch. Das ist die reine, eine Wahrheit!

Du magst nun fragen, was der "Vorbehalt" ist, den ich oben erwähnte. Der Vorbehalt ist der, dass es sich bei dieser Thematik nicht um ein "Ich werde schnell reich" Schema handelt, sondern darum, dass du zu einer herausragenden und mächtigen Persönlichkeit wirst – so du es denn willst – und dein Wissen von nun an praktisch anwendest. Herausragend deshalb, weil du zum Meister über dein eigenes Leben wirst. Hier dreht es sich darum, sich zu erheben und ein Leben auf höheren Ebenen zu leben. Es ist ein Leben im Einklang mit der harmonischen Vorwärtsbewegung des Großen Ganzen und in Übereinstimmung mit der gegenwärtigen Zeitqualität des Wassermann-Zeitalters.

Es ist, wie Charles Haanel im Master Key System schrieb, *„harte geistige Arbeit an sich selbst, die Arbeit, die nur die wenigsten bereit sind zu leisten"*. Es ist ein kontinuierliches und stetes Überprüfen der eigenen Gedanken, Emotionen und Handlungen. Es ist ein Prozess, der anfänglich noch vom Verstand angeleitet, mit der Zeit aber durch Wiederholung zunehmend unterbewusst und automatisch wird, so dass man sich bald keine Gedanken mehr über sein wahrhaft strahlendes Wesen machen muss. Und das – in einfachen Worten – ist einfach nur geil!

KAPITEL 7 – STEUERN

Das theoretische Verständnis des vorangegangenen Kapitels hat dir eine solide Basis bereitet. Theorie bleibt jedoch grau, wenn sie nicht durch die Praxis belegt und untermauert wird. Dazu dient dir dieses Kapitel.

Erneut greife ich aufs Master Key System zurück. Dort schrieb Charles Haanel, dass *„Wissen sich von selbst nicht anwendet."* Du musst dein Verständnis dieser universellen Prinzipien oder Spielregeln des Lebens auf die jeweiligen Situationen des Lebens anwenden. Nur das macht dich erfolgreich. Du lässt guten Dingen Gutes folgen und nimmst den schlechten Dingen den Wind aus den Segeln.

Nachdem ich in den ersten Kapiteln weit ausgeholt und in Galaxien abgedriftet bin, mich auch noch in Prinzipien eingenistet habe, geht es nun an die Umsetzung. *Wieder-holung* macht bekanntlich perfekt. Lustiger- und extrem bezeichnenderweise heißt es auch im Volksmund: *„Es ist noch kein Meister vom Himmel gefallen."* Schon einmal darüber nachgedacht? Dieser Satz hat eine so vielfältige *Be-deutung*. Ein Meister ist deshalb noch nicht vom Himmel gefallen, weil ein Meister nicht fällt. Wenn er vom Himmel kommen sollte, dann landet er sanft.

Es bedeutet natürlich auch, dass einem die gebratenen Hanf-Tauben nicht in den Rachen fliegen. Und es bedeutet auch, dass der Meister immer von oben kommt, nicht von unten. Es ist also das anderen Übergestellte, was das Machtvolle und letztendlich Erfolgreiche ausmacht.

Hier geht es aber nicht darum, anderen etwas zu beweisen. Es dreht sich allein um dich und deine Befähigung, bewusst Erfolge zu *er-zielen*. Diese machst du durch *Wieder-holung* zu einem festen Bestandteil deines immer schöner und erfüllter werdenden Lebens.

Machen? Du erinnerst dich doch noch an den „Macher"; es muss also etwas gemacht werden, und zwar auf zweierlei Ebenen. Die eine Ebene bezieht sich auf das äußere Leben. Sie bezieht sich auf Geschehnisse, die ohne dein direktes Zutun ablaufen. Das sind die allermeisten. Logisch.

Die andere Ebene bezieht sich auf das innere Leben, das sich dann im äußeren Leben ... na ja, was wohl... äußert, d.h. verwirklicht. Auf beide Ebenen gehe ich im Folgenden ein.

Lass dir gesagt sein, dass dieses Buch nichts an deinem äußeren Leben ändert, wenn du es zuvor nicht für nötig gehalten hast, dir die Befähigung anzueignen, derer es bedarf, um wirklich erfolgreich zu sein. Dazu sind die nun folgenden Erläuterungen da. Sauge sie auf. Mache sie dir zu Eigen. Sie beruhen allesamt auf den Übungen des Master Key Systems. Warum? Weil es keine bessere Quelle gibt, diese Befähigung zu erlangen.

Das, was Charles Haanel dort erschaffen hat, ist von allerhöchster Qualität. Da spielt es keine Rolle, dass das Buch schon über 100 Jahre alt ist. Bei den Smaragdtafeln beschwert sich ja auch keiner, und die sind angeblich über 3500 Jahre alt, wenn nicht noch älter.

Auch hier geht es ganz von vorn los. Und einfach. Einfach zu verstehen; einfach nachzumachen; einfach einzubinden.

DIE GRUNDLAGEN

Die Quantenphysik lehrt dich, dass alles Energie ist. Sie lehrt dich auch, dass je mehr du dir der Einzelheiten gewahr wirst, desto ungenauer wird die Beschreibung. Werner Heisenbergs Unschärferelation besagt genau das: Bewegt sich etwas, können wir wenig über den Aufenthaltsort sagen. Ist etwas fix, wissen wir, wo es ist, aber nicht, ob es sich bewegt.

Das bedeutet, dass es sich im unendlich kleinen Maßstab, wo alles nur noch Energie ist, immer mehr um Wahrscheinlichkeiten handelt, weniger aber um etwas genau Bestimmbares. Das bedeutet wiederum für dich, dass das, was das Unendliche ausmacht, letzten Endes reines Potenzial ist und dir unendliche Möglichkeiten der Entfaltung zur Verfügung stellt. Diese Aussicht ist schlichtweg genial. Da spielt es auch keine Rolle, ob du gegenwärtig krank bist, vor dem Studienabschluss stehst, Arbeitslosengeld beziehst, in der Schule gemobbt wirst, unter Burnout leidest oder durch eine familiäre Trennung gehst. Du hast stets die Wahl, neues Potenzial zu verwirklichen

Um etwas zu verändern, bedarf es bestimmter Fähigkeiten. Die erste davon ist die der richtigen Atmung. Darauf gehe ich gleich im Anschluss noch ein. Darüber hinaus gibt es zwei Ebenen, die sich ergänzen und voneinander abhängig sind. Beide beziehen sich sowohl auf den Körper als auch auf den Geist, d.h. deine Gedanken. Was damit gemeint ist? Nun, es bedarf sowohl der Kontrolle (Steuerung) als auch dem Loslassen (Entspannung). Macht Sinn, oder? Leben bedeutet Pulsieren, und Steuerung und Entspannung ergänzen sich da wie Tag und Nacht oder Ebbe und Flut.

Wenn ich weiterhin an dem festhalte, was ich habe, wird kaum etwas Neues in mein Leben eintreten können – der Platz ist ja bereits belegt. Daher muss zunächst ein Raum geschaffen werden, in den das Neue *ein-geladen* werden kann. Das wird durch die folgenden vier Prozesse sowie die Atmung ermöglicht. Sie sind die absolute Grundlage jeglicher Veränderung – jeglichen Erfolges.

Auf der zweiten Stufe der Manifestation geht es dann aktiv um deine Vorstellungskraft und die Fähigkeit, vollkommen im Objekt der Begierde aufzugehen. Das wird auch Konzentration oder Gedankenbündelung genannt.

Bewusste Atmung, zusammen mit Körperkontrolle, Gedankenkontrolle, körperlicher und gedanklicher Entspannung, gepaart mit

Visualisierung und Konzentration sind eine unschlagbare Kombination und die Meisterformel für den garantierten Erfolg.

ATMUNG

Deine Atmung spielt bei den vier Prozessen, aber auch bei der zweiten Stufe der Manifestation eine zentrale Rolle. Um es auf den Punkt zu bringen: Ohne deinen Atem wärst du umgehend tot. Du kannst eine lange Zeit ohne Nahrung auskommen, ein paar Tage ohne Flüssigkeit, aber ohne Atmung wärst du innerhalb einer Minute nicht mehr am Leben. Das deutet bereits auf die herausragende Rolle der Atmung hin.

Die westliche Welt hat der bewussten und rhythmischen Tiefenatmung sowie weiteren, an Energie reichen Atemtechniken des alten Indiens keinerlei Aufmerksamkeit geschenkt. Das Resultat dieser Ignoranz zeigte sich in der Gesellschaft zunächst auf körperlicher Ebene durch eine Vielzahl von Störungen: Kurzatmung, falsche Körperhaltung, fehlende Ausdauer, mangelnde Sauerstoffversorgung, Durchblutungsstörungen etc. Mit so einer schwachen Ausgangsposition ist es nicht verwunderlich, dass diese die Menschen, Familien, Firmen, Gesellschaft und letztendlich eine ganze Rasse an den Rand der Selbstzerstörung treibt. Übertreibe ich? Schau dich um, wie es gegenwärtig um die zuvor genannten Strukturen bestellt ist. All diese könnten sich durch bewusste Atemtechniken wieder harmonisieren. Allein der Gedanke...

Die Bedeutung der Atmung kann gar nicht genug betont werden, denn wir nehmen mit ihr nicht nur Luft, sondern pranische Energie (Äther) auf. Dieser fließt in drei feinen Kanälen – Ida (linkes Nasenloch, rechte Gehirnhälfte, mit dem Mond verbunden), Pingala (rechtes Nasenloch, linke Gehirnhälfte, mit der Sonne verbunden) und Sushumna genannt – die Wirbelsäule hinab, versorgt die Chakren mit Lebenskraft und harmonisiert sie.

Atmung ist aber auch für die Manifestation von Zuständen oder materiellen Dingen essenziell. Das Atmen durch das rechte Nasenloch ist mit der Sonne verbunden, das linke mit dem Mond. Die Sonne repräsentiert das aktive, männliche Prinzip und bestimmt die

Verwirklichung, während der Mond das passive, weibliche Prinzip darstellt und die Stille bestimmt.

Hier gleich ein paar wichtige Tipps; den Rest kannst du Charles Haanels fantastischem Buch „Die erstaunlichen Geheimnisse der Yogis" entnehmen.

» Wenn es dir an Mut, Kraft und Zuversicht mangelt, mache es dir zur Gewohnheit, bewusst und verstärkt durchs rechte Nasenloch ein- und auszuatmen, das mit der Sonne (Pingala) verbunden ist.

» Hast du zu viel Energie, die dich auszubrennen droht, dann atme verstärkt und bewusst durch das linke Nasenloch, das mit dem Mond (Ida) verbunden ist.

» Übe regelmäßig tiefe, wechselseitige Zwerchfellatmung durch die Nase. Die Anleitung dazu findest du im oben genannten Buch, aber auch im Internet sowie in Yoga Kursen.

» Wenn du dich in einer stressvollen Situation befindest, tritt einfach für einen Moment zurück, sage nichts, schließe die Augen und atme einige Male durch die Nase tief ein und aus. Innerhalb weniger Momente ist der Stress abgebaut und die Lage hat sich normalisiert. Jetzt kannst du sie wieder mit klarem Kopf angehen.

Das Resultat bewusster Atmung zeigt sich je nach Anwendung darin, dass du klarer denken kannst, ausgeglichener, ruhiger und besonnener wirst, mutiger und selbstbewusster, zielstrebiger und so auch erfolgreicher.

Mein Rat: Befasse dich eingehend mit der Atmung, denn sie bestimmt unter anderem die weiteren Prozesse, die ja für die erfolgreiche Verwirklichung deiner Wünsche und Träume verantwortlich sind. Du wirst erstaunt sein, wie einfachste Übungen zu unmittelbaren Resultaten führen. Vor allem verbinden dich bewusste Atemübungen mit dem Universellen Bewusstsein, der unendlichen Macht, die durch diese Übungen verstärkt durch dich fließt.

1. KÖRPERKONTROLLE

Ohne Körperkontrolle passiert gar nichts. Körperkontrolle bedeutet nicht, jede einzelne Pore oder Zelle bewusst ansteuern zu können. Sie bedeutet einfach nur, für ca. 30 Minuten absolut still sitzen zu können. „In der Ruhe liegt die Kraft" – die Kraft übrigens, die du für deinen Erfolg brauchst.

Der Grund für das Stillsitzen ist ebenso zweifach. Einerseits ist das Meistern dieser Übung auf eine Willensanstrengung von dir zurück zu führen. Dasselbe gilt auch für jeglichen Erfolg. Menschen, die erfolgreich sind, haben einen starken Willen. Den brauchen sie auch, denn nicht immer sind die Reaktionen im Außen wohlwollend und unterstützend. Wenn du dich gleich davon abbringen lässt, kommst du nie zu etwas.

Das Stillsitzen verlangt von dir einen starken Willen. Eben auch um nicht jedem kleinen Ziepen oder Jucken nachzugehen, sondern fest wie ein Fels in der Brandung zu stehen. Nichts bewegt dich!

Andererseits ist das Meistern dieser Übung die Voraussetzung für die nächste Stufe. Ohne Körperkontrolle gibt es nämlich keine Gedankenkontrolle. Ok, lass mich das relativieren: Es gibt keine ausreichende Gedankenkontrolle. Nur in der durch diese Übung hervorgerufenen Stille ist es überhaupt möglich, die eigenen Gedanken zu beobachten und durch diese Beobachtung gleichzeitig abzubremsen. Gleich dazu noch etwas mehr.

Suche dir also einen schönen Platz, möglichst einen, an dem du diese Übung immer durchführst. Der Sinn dahinter ist der, dass du dir dadurch eine Routine schaffst. Und alles, was du – Achtung! – routiniert machst, geht dir – erneut Achtung! – einfach von der Hand. Vor allem zeigst du dir an, dass jetzt Zeit für dich ist; Zeit für die Übung. Das ist für den Lernprozess von überaus großer Bedeutung.

Sobald du bequem, aber nicht zu lässig sitzt und dich in dieser Haltung schrittweise länger aufhalten kannst, bis ca. 30 Minuten erreicht sind, bist du bereit für die nächste Stufe: Gedankenkontrolle. Und nein, es spielt keine Rolle, was innerhalb dieser Zeit geschieht.

Du sollst weder das eine, noch das andere tun, sondern einfach nur stillsitzen. Wirklich.

Wenn es zwickt und zwackt und du dich außerstande siehst, die Übung wie gefordert durchzuführen, brich sie ab und gehe dem Zwicken und Zwacken auf den Grund. Dann nämlich will dir dein Körper mitteilen, dass es an Harmonie und Ausgeglichenheit mangelt: Er sagt dir deutlich: Tue was! Also, tue was, damit das Zwicken und Zwacken aufhört. Hier kannst du gleich der Ursache auf den Grund gehen, sie beseitigen und somit Harmonie wiederherstellen. Dann gehe die Übung erneut an, bist du sie gemeistert hast. Wann das der Fall ist? Ganz einfach: Wenn du nicht mehr nachfragen brauchst, sondern weißt, dass es jetzt soweit ist. Auch das ist Erfolg!

2. GEDANKENKONTROLLE

Mit der Fähigkeit der Körperkontrolle unterm Gürtel geht es zur Gedankenkontrolle. Wieder sitzt du allein an dem gewohnten Ort. Dieses Mal aber hast du in der Stille eine Aufgabe: Du sollst deine Gedanken beobachten. Warum? Weil diese dir bekanntlich deine Realität erschaffen. Und da diese dir – zumindest was den „Erfolg" anbelangt – momentan nicht gefällt, bedarf es hier eines allerersten Eingriffs. Dieser ist gedanklicher Natur. Das sollte mittlerweile klar sein.

Du beginnst also, deine Gedanken zu beobachten. Dadurch wirst du dir ihrer Qualität bewusst. Vor allem erkennst du, wie schnell sie aufeinander folgen. Eben warst du noch hier, und keine 10 Sekunden später bist du bei einem völlig anderen Thema angelangt. Zu Beginn ist das OK, später aber erkennst du, dass dir das nicht wirklich dienlich ist. Also drehst du allein dadurch die Geschwindigkeit herunter, dass du deine *Auf-merk-sam-keit* ein wenig länger auf einem bestimmten Gedanken hältst. Das ist in etwa wie eine tief stehende Sonne, die längere Schatten wirft, wodurch wiederum mehr Details zu Tage treten. Itzhak Bentovs „Auf der Spur des wilden Pendels" sei hier gedankt.

Durch das aufmerksame Beobachten deiner Gedanken erkennst du wie schon erwähnt ihre Qualität. Du wirst dir mit der Zeit aber auch der Gedankenfolge gewahr. Mit etwas Übung bist du dann in der

Lage, die Ursache dieser Gedanken zu erkennen. Bingo – genau da willst du hin!

Immer wieder stelle ich bei Menschen fest, dass sie sich gedanklich die meiste Zeit am falschen Pol aufhalten. Da, wo sie eigentlich hin oder sein wollen, damit befassen sie sich gar nicht oder nur beiläufig. Auch hier zieht Gleiches Gleiches an. Ein Teufelskreis.

Durch diese einfache Übung des Gewahrseins kommst du schrittweise in den Genuss der Gedankenkontrolle. Kontrolle heißt hier nicht, dass du jeden einzelnen Gedanken bis ins Nirwana analysierst, sondern dass du dir immer bewusster darüber wirst, was dir durch den Kopf schießt, um es bei Bedarf zu korrigieren und eine einheitliche, positiv ausgerichtete Denkweise zu etablieren.

Das sich gewahr werden dieser Gedankenketten deutet konsequenterweise auf ihre Qualität hin. So kannst du mit etwas Übung bewusst entscheiden, ob du diesen Gedanken weiter hegen willst. Du kannst aber ebenso bewusst entscheiden, ihn durch einen energischen Gegenvorschlag im Keim zu ersticken und ihn qualitativ umzukehren.

Dieses Umkehren der Qualität der Gedanken ist für den Verstand zunächst höchst verwirrend. Er ist es nämlich nicht gewohnt, dass nun eine höhere Instanz dazwischen funkt. Bisher kam ein Gedanke zum anderen. Die Qualität, ob gut oder schlecht, war dabei dem voraus gegangenen Gedanken immer ähnlich. Nun aber kommst du und schreitest energisch ein: Halt! Stopp! Bis hier und nicht weiter! Und genau das braucht dein System auch, denn wenn du es nicht bist, der die Funktion des Wächters übernimmt, ein anderer ist nicht vorhanden, der es für dich tun könnte.

Der Gedanke wird wiederholt. Er entwickelt sich zum Glauben, wird zur Gewohnheit, dann automatisch und letztendlich zu dir. Die Konsequenzen sind bei negativen Gedanken unabsehbar, verwirklichen sich aber dennoch genauso gesetzmäßig wie bei positiven.

Du befindest dich immer noch in der Stille. Jetzt weißt du auch, warum diese so wichtig ist. Zu Beginn bist du alles andere als in der

Lage, in einem lauten Raum oder im Verkehr so konzentriert zu sein, dass du diese Gedankenkontrolle ausüben kannst. Mit der Zeit aber kannst du es überall tun. Übung macht auch hier den Meister.

Der Gegenvorschlag – oder das Gegenargument – ist das zentrale Thema bei der Bewusstwerdung: Er ist der im vorigen Kapitel erwähnte Polaritätswechsel. Er bedeutet die Schwingungsänderung, die zu einer neuen Manifestation führt. Daher kann ich es nicht oft genug betonen, wie wichtig es ist, regelmäßig die Stille aufzusuchen und dort Gedankenhygiene zu betreiben.

Du kannst einerseits abwarten, was dir durch den Kopf schießt, anderseits das Thema aber auch selbst vorgeben. Da dieses hier ein Erfolgsbuch ist und Erfolg meist mit Geld gleichgesetzt wird, schnappe dir mal das Thema Geld und klassifiziere die Gedanken, die dir dazu *ein-fallen*. Wie stehst du zum Geld? Hat es für dich etwas Anrüchiges? Wie bist du aufgewachsen? Was hielten deine Eltern oder Bezugspersonen vom Geld? Fällt dir dazu vielleicht noch ein Spruch von ihnen ein? „Geld wächst nicht auf Bäumen." „Glaubst du, ich bin Krösus?"

Die meisten Menschen haben so etwas schon einmal gehört. Wie aber oben erwähnt, haben wir das damals – entschuldige – für bare Münze genommen und nicht kritisch hinterfragt. Und wenn wir es taten, vielleicht sogar mit etwas Trotz, gab es anstatt des Lobes für den Mut und das eigenständige Denken sogleich einen an den Latz. Na klasse! Das sollte sich Jahre später erneut zeigen, nämlich in der Situation, in der du dich wohl gerade befindest.

Das Schöne dabei ist, dass du das Alte ungeschehen machen kannst: Das tust du dadurch, dass du es ersetzt. So einfach ist es. Natürlich geht das Alte, Eingeprägte, nicht ohne weiteres. Es ist aber erneut dein Wille, der dafür sorgt, dass es zu der notwendigen Wiederholung und somit Gewohnheitsbildung kommt.

„Ewige Aufmerksamkeit ist der Preis des Erfolges", schrieb Charles Haanel im Master Key System. Ja, sei aufmerksam und greife dann energisch und konsequent ein, wenn du dich bei auch nur irgendeinem negativen Gedanken ertappst.

Gehe aber weiterhin liebevoll mit dir um. Sei nachsichtig. Zu Beginn klappt nicht immer alles. Das ist vollkommen normal. Aber: Du weißt um das Prinzip der Entsprechung. Das heißt, dass wenn du dir vorgenommen hast, von nun an stetigen und bewussten Erfolg in dein Leben zu ziehen, das die geistige Ursache ist. Die Auswirkung auf den niederen Ebenen wird *ent-sprechend* ausfallen. Die Saat ist gesät. Jetzt musst sie gewässert und genährt werden, darf aber – im wahrsten Sinne des Wortes – nicht untergraben werden. Du weißt, was das bedeutet.

Natürlich kommen zu Beginn Zweifel hoch: „Bin ich gut genug?" „Schaffe ich es?" „Habe ich die richtige Qualifikation?" „Habe ich genug Geld?" „Was wird meine Familie dazu sagen?" Die Fragen sind endlos, die Wirkung aber einzigartig negativ. Daher ist es genau hier so wichtig, das Gegenargument zu unterbreiten – stark und oft wiederholt!

„Ja, ich bin gut genug!" „Na klar schaffe ich es!" „Wenn ich die richtige Qualifikation nicht habe, eigne ich sie mir an. Oder ich tue etwas anderes, wo sie nicht vonnöten ist." „Das Geld kommt schon, und wenn ich dafür in 24 Stunden ein Buch schreiben muss." „Meine Familie ist mir wichtig, aber es ist mir nicht wichtig, was sie über mich denkt. Mir ist es viel wichtiger, wie ICH über MICH denke, denn ich bin es, der sich meine Realität schafft. Dazu gehört auch meine Familie."

Du siehst, was es mit dem Gegenargument auf sich hat. Beide Richtungen, die des Zweifels, Zauderns und Zagens, als auch die der Macht, des Mutes und des durch den Willen gesteuerten Durchsetzungsvermögens, sind schöpferisch. Erstere führt allerdings zur Aufgabe, während nur letztere zum Erfolg führt – dem Erfolg über dich selbst, deinen eigenen Schweinehund und deine vormals dominanten Glaubenssätze und Verhaltensweisen. Mit dieser Aussage bist du übrigens der Wahrheit einen weiteren Schritt näher gekommen.

Ich fasse zusammen: Ohne Körperkontrolle gibt es keine Gedankenkontrolle. Wenn du auch nur irgendeine Änderung in deinem Leben erfahren willst, geht das ausschließlich durch neue Gedanken. Alles andere ist Augenwischerei, denn die Natur hat uns nicht umsonst das Konstrukt „Wachstum" beschert. Natürlich gibt es spontane Evolution und Quantensprünge. Sie sind jedoch nicht die Norm, denn nur das Wachstum führt zur Erfahrung.

Auch Quantensprünge sind auf einer anderen Ebene nur Wachstumsprozesse. Nur ist es so, dass es den Menschen gegenwärtig komplett zerreißen würde, wenn er einen Quantensprung nach dem anderen erleben würde. Auch da muss er sich erst einmal langsam herantasten. Das aber soll ein Thema für ein anderes Mal sein.

Das wertfreie und nicht-verurteilende Beobachten deiner vorherrschenden Geisteshaltung führt zum Erkennen der Qualität der Gedanken. Im Falle negativer Gedanken muss ein Polaritätswechsel vorgenommen werden. Das fällt zu Beginn schwer, weil der Verstand nicht daran gewöhnt ist, in seinem regen Lauf unterbrochen zu werden. Mit der Zeit aber wird es zur Selbstverständlichkeit. Dann machst du dir darüber genau so wenig Gedanken wie gerade über deine Verdauung, wenn sie denn – Achtung! – regelmäßig ist.

Natürlich werden dir auch dann noch negative – d.h. nicht dienliche – Gedanken unterkommen. Nun aber erkennst du sie und bist dadurch in der Lage, sie umzuwandeln. Du bist auf dem Weg zur Meisterschaft, und dir ist zu gratulieren.

3. Körperliche Entspannung

Mit der Fähigkeit, dich körperlich und gedanklich zu kontrollieren, bist du in der Lage für den 3. Schritt: Körperliche Entspannung. Warum ist diese notwendig, und was bedeutet sie?

Körperliche Entspannung bedeutet genau das: Du sitzt wie gewohnt an bekannter Stelle, den Körper und das Gesicht in die gewählte Richtung gedreht, und nun entspannst du ihn. Alle nicht benötigte Muskelanspannung wird bewusst gelockert. Das geschieht durch eine gedankliche Anweisung. Diese Entspannung ist übrigens auch ein Polaritätswechsel.

Körperliche Anspannung ist nur in wenigen Situationen von Nutzen. In den meisten Fällen führt sie zur Verkrampfung und zu weiterem Unwohlsein. Das ist dir auf dem Weg zum Erfolg nicht dienlich. Daher ist es so wichtig, sich zu entspannen. Ein weiterer Grund wird gleich offensichtlich.

Körperliche Entspannung geht Hand in Hand mit Atmung. Atme einfach nur tief und rhythmisch ein und aus. Wiederhole das ein paar Mal, bis du dich mehr und mehr entspannt fühlst. Führe auch diese Übung so lange durch, bis es dir leicht fällt, aus der gedanklichen Anweisung heraus in eine wohlige körperliche Entspannung zu kommen.

Wenn du magst, nimm Musik zu Hilfe. Diese schaltet auch Umweltgeräusche stumm und erleichtert dir das Einfinden in diesen Zustand.

Mehr ist hier nicht zu tun. Wisse, dass es auch hier eine tiefere Bedeutung gibt. Wenn du nämlich in der Lage bist, dich auf Abruf zu entspannen, dann bedeutet das folgendes: Ganz gleich, wie angespannt andere sind oder wie stressvoll sich eine bestimmte Situation darstellt, du bleibst davon unberührt. Das allein mag dir noch keinen Nutzen bringen, aber im nächsten Schritt wird alles klar. Warum? Weil diejenigen, die körperlich gestresst und angespannt sind, nicht in der Lage sind, ihre Gedanken loszulassen. Vor allem sind sie durch die fehlende Körperkontrolle gar nicht erst in der Lage, ihre Gedanken überhaupt zu kontrollieren.

Was bedeutet das? Nun, das ist total einfach: Sie entscheiden nicht selbständig. Sie entscheiden nicht besonnen und in Ruhe, wo es lang geht, sondern werden von ihren ureigenen Instinkten gesteuert oder von außen von anderen Kräften gelenkt, welche genau auf diese Instinkte abzielen. Die wissen schon, was sie tun, und davor musst du dich hüten!

Wer Zugriff zu deinen Emotionen (Gefühlen) hat, hat Kontrolle über dein Leben. Somit wird auch klar, warum von vielerlei Seiten so viel getan wird, um Herrschaft über deine Emotionen zu erlangen, sei es durch Nachrichten, Filme oder auch *hoch-raffinierte* Nahrung.

Lerne auch über diese Übung hinaus, dich körperlich zu entspannen. Dabei kann es helfen, Yoga Übungen zu machen, die wiederum mit Atem- und Aufmerksamkeitstechniken verbunden werden. Yoga ist allgemein für einen erfolgreichen Menschen von hohem Nutzen. Informiere dich und widme dich sowohl den Übungen als auch der Philosophie. Sie stehen beide für ein langes und harmonisches Leben, eben weil sie dazu führen, dass du im Rahmen deiner Umstände Kontrolle über deine Außenwelt besitzt und ausübst.

4. Gedankliche Entspannung

Der letzte Schritt der ersten Ebene ist der gedanklichen Entspannung gewidmet. Gedankliches Loslassen deshalb, weil dadurch Raum für Neues geschaffen wird. Rein technisch geschieht da noch etwas, das wohl in enger Verbindung mit dem Neuen steht.

Während du vollkommen entspannt bist, hat sich ein meditativer Zustand eingestellt. Dieser wird im Bereich deiner Gehirnwellen als „Alpha Zustand" bezeichnet und läuft in einem Bereich von ca. 7-12 Hertz (Hz) ab. Dabei gibt es eine dominante Frequenz bei ca. 7,83Hz. Diese ist der sogenannten „Schumann Frequenz" von 7,5Hz sehr nahe, einer stehenden Welle, die im Erdkrusten-Ionosphären-Hohlraum um die Erde herum besteht und daher auch „Erdfrequenz" genannt wird.

Wenn du also in einen meditativen Zustand eingetreten bist, gehst du in Resonanz mit dieser Erdfrequenz. Du wirst Teil eines geschlossenen Schwingkreises – eines Resonanzsystems. Was hier ansatzweise technisch klingt, ist von großer praktischer Bedeutung. Systeme haben nämlich die Eigenschaft, mit wenig Energieaufwand viel zu erreichen – das ist quasi ihr Lebenszweck. So erreichst du in diesem Zustand auch sehr viel, ohne dass du dafür etwas tun musst. Du musst einfach nur stillsitzen und ruhige und rhythmische Tiefenatmung betreiben. Dann wirst du durch diesen geschlossenen Schwingkreis *in-formiert*, *in-spiriert* (*in-spirare*, beatmet) und *in-tegriert (ein-ge-bettet)*.

Weil du tief entspannt bist, nimmst du das mit dem Verstand nicht wirklich wahr. Dieser agiert im Beta Bereich, der sich von ca. 12-38Hz erstreckt. Diese Frequenz ist aber durch die Entspannung bewusst reduziert worden. Sie besteht noch, wird aber von der Alpha Frequenz dominiert und somit *über-stimmt*.

Mit dem gedanklichen Loslassen machst du also Platz für Neues. Du schaffst dir gleichzeitig einen Raum für absolute Stille. Nun wird es interessant: Charles Haanel sagt im Master Key System, dass „Allmacht selbst absolute Stille ist." Du verstehst: Einen bedeutenden Teil der Macht und Kraft, die du für deinen Erfolg benötigst, holst du dir in der Stille. Dort kommen aus der Tiefe des Unterbewusstseins Signale hoch, die du intuitiv wahrnimmst. Das wird später auf der zweiten Ebene durch Konzentration nochmals verstärkt.

Diesen Signalen bedarf es anschließend Aufmerksamkeit zu schenken. Sie sind der Weg zum Ziel. Sie sind die Schritte, die deine Reise ausmachen. Du verstehst erneut. Ich danke dir.

Der einfache Mensch ist in der Annahme, einen Wunsch erfüllt zu bekommen, ohne dafür aber etwas tun zu müssen. Du weißt es besser. Du weißt, dass du deine Gedanken in aktive und kraftvolle Handlungen umwandeln musst. Das fällt dir umso leichter, je öfter du dir die Zeit nimmst, sowohl Körper als auch Geist zu kontrollieren, um sie anschließend zu entspannen.

Überhaupt weißt du (jetzt), dass du vom Leben nur das bekommst, was du ihm zuvor gegeben hast, da das Gesetz des Ausgleichs für ewige Gerechtigkeit sorgt.

Mit Mut und Zuversicht schreitest du voran. Deine gedankliche Neuausrichtung zeigt sich umgehend in Handlungen, was deine Ernährung und sportliche Betätigung anbelangt. Sie zeigt sich in den Worten, die du wählst. Sie zeigt sich in deinem Umgang mit Mensch, Pflanze und Tier. Sie zeigt sich in deiner Besonnenheit, deiner Bestimmtheit und deiner Willenskraft. Sie zeigt sich in deiner Fähigkeit zu lieben, dich zu freuen, mitzufühlen und für andere da zu sein – in Harmonie und somit im Ausgleich, versteht sich.

Ich fasse zusammen: Alles beginnt mit Körperkontrolle. Danach geht es ans Gewahrsein und das Abbremsen und später Zurückverfolgen und Klassifizieren von Gedanken. Dann ist es an der Zeit, die Gedankenkontrolle zur körperlichen Entspannung einzusetzen. Aus dieser heraus ergibt sich eine geistige Entspannung, ein Loslassen und Freimachen von alten Glaubenssätzen. Das schafft Platz für neue Ideen und Visionen.

Durch die Resonanz mit der Erdfrequenz entsteht auch eine neue Verbundenheit mit allen Wesen dieses Planeten. Dadurch entsteht eine Wertschätzung für sie – und gleichsam auch für dich selbst. Diese Wertschätzung deines Selbst ist ein bedeutender Aspekt deines eigenen Erfolges.

Wenn du dich selbst nicht schätzt, bist du auch nicht offen für die Wertschätzung, die andere dir entgegen bringen. Da spielt es auch keine Rolle, wie viele Werte sie dir vor deine Augen halten. Du bist blind und erkennst sie nicht. Warum nicht? Weil du diese Wertschätzung nicht in Anspruch genommen hast. Dadurch konnte sich auch kein Bewusstsein bilden. Das wiederum verhinderte das Bilden neuer synaptischer Verbindungen im Gehirn.

Dadurch, dass dir das entsprechende Nervenkostüm fehlt, werden auch keine *ent-sprechenden* Signale den Vagus Nerv hinab in den Solarplexus gesandt. Diesem fehlten sie (die Signale), um zum Strahlen erweckt zu werden. Dadurch fand keine *ent-sprechende* energetische Ausstrahlung an die Zellen im Körper statt. Schlussendlich konnten diese Zellen keine neue elektro-magnetische Schwingungsänderung erfahren, wodurch keine neue Zellprogrammierung entstehen konnte. Es blieb also alles beim Alten.

So einfach erklärt sich die Verbindung zwischen dem Metaphysischen und dem Physischen, dem Spirituellen und dem Seelisch-Körperlichen. Auch wenn es hier an Einzelheiten mangelt oder bestimmte Aspekte unvollständig sein sollten, das Prinzip ist klar und deutlich zu erkennen und zu verstehen.

Durch vier einfache Schritte wirst du in die Lage versetzt, grundlegend neue Erfahrungen zu machen. Das gilt vor allem im Alltag, wenn du auf Menschen oder Situationen triffst, die negativ *aus-gerichtet* sind. Dort, wo du dich früher hättest noch *mit-reißen* oder gar *nieder-reißen* lassen, stehst du jetzt über den Dingen, weil du Herrschaft über dein Wesen hast. Das ist bereits ein Riesenerfolg, auch wenn sich direkt dadurch noch keine Auswirkung auf deinem Konto zeigt. Die wird aber unweigerlich kommen, wenn du die zweite Stufe der Manifestation beherrschst und konsequent anwendest.

Über das, was im Außen geschieht, hast du in den meisten Fällen keinerlei Kontrolle, vor allem dann nicht, wenn diese Dinge von anderen erschaffen wurden. Worüber du aber durch diese Übungen vollkommene Kontrolle hast, ist deine Reaktion auf äußere Umstände. Ganz gleich, was geschieht, du hast stets Kontrolle über deine Gedanken, deine Gefühle und deinen Körper. Weil dem so ist, bleibst du auch in jeder Situation gedanklich, emotional und körperlich entspannt. Wenn du wüsstest, wie wichtig das für dein Leben ist, du würdest vor Freude und Dankbarkeit bersten.

KAPITEL 8 – ERSCHAFFEN

Bezüglich des schöpferischen Prozesses gibt es zwei primäre Aspekte. Der eine dreht sich um die Außenwelt, der andere um die Innenwelt. Ersterer ist wie eben erwähnt dazu da, auf äußere Umstände angemessen zu reagieren. Dazu bedarf es der Körperkontrolle, der Gedankenkontrolle, der körperlichen Entspannung und der gedanklichen Entspannung.

Bist du in der Lage, dich zu kontrollieren und zu entspannen, kann dir nichts im Außen mehr etwas anhaben. So einfach ist es. Du musst es aber zunächst wissen. Diese vier Fähigkeiten sind nicht ohne Grund die Übungen der ersten 4 Wochen im Master Key System.

Im Gegensatz dazu wird die Innenwelt durch die Vorstellungskraft und Konzentration bestimmt. Mit ihnen werden neue geistige Bilder erschaffen und mit Details versehen. Auch ihnen habe ich im Folgenden entsprechend Raum gegeben. Warum? Weil sowohl die Vorstellungskraft als auch die stille Gedankenbündelung zentrale Positionen im Schöpfungsprozess einnehmen. Wenn du diese beiden Punkte wirklich verinnerlichst und dadurch im Anschluss die entsprechenden Fähigkeiten erlangst, wirst du in den Nutzen einer Macht und Kraft kommen, die schlichtweg Erfolg mit sich bringt – es geht gar nicht anders!

Es sollte aber bedacht werden, dass beide Aspekte nur dann wirksam angewandt werden können, wenn die Grundlage dazu geschaffen wurde. Du kannst dir kein vollständiges geistiges Bild deines Wunsches erschaffen, wenn du nicht in der Lage bist, sowohl Körper als auch Gedanken zu kontrollieren und zu entspannen.

Während die Grundübungen zunächst dazu da sind, auf Ereignisse im Außen *be-wusst* und *an-gemessen* zu *re-agieren*, geht es bei den beiden folgenden Aspekten darum, bewusst *mit-zu-schöpfen*. Es geht darum, mittels der Vorstellungskraft neue geistige Bilder zu erschaffen und sie dann mit immer mehr Details zu versehen. Dadurch tun sich die Wege und Möglichkeiten auf, das Ziel zu erreichen. In anderen Worten: Durch die Visualisierung und die Konzentration wirst du intuitiv informiert.

Schauen wir uns einen Wunsch einmal genauer an. Sagen wir: „Ich möchte mehr Geld." Hierbei sollte allerdings angemerkt werden, dass eine wahre Aussage bezüglich finanzieller Fülle in etwa so lauten würde: „Ich bin dankbar für die mir immer in ausreichender Menge zur Verfügung stehenden Geldmittel, mit denen ich mir meine Wünsche erfülle."

Das ist ein legitimer Wunsch, der somit auch erfüllt werden kann. Nur wie kommt es zu diesem Geld? Fällt es vom Himmel? Wenn schon der Meister nicht, dann das Geld wohl auch nicht. Natürlich können wir darauf hoffen, aber das russische Sprichwort, „Die Hoffnung stirbt zuletzt", sagt bereits alles aus. Wenn alles andere bereits weg, vernichtet und vergangen ist, dann bleibt nur noch die Hoffnung übrig. Ein schwacher Trost und kein Verlass.

Wie geht es dann? Das erklären die nächsten beiden Abschnitte.

VORSTELLUNGSKRAFT

Die Vorstellungskraft ist genau das, was ihr Name *be-sagt*: Die Kraft, sich etwas *vor-zu-stellen*. Da jeglicher Wunsch nach Erfüllung im Außen zunächst im Innen geboren wird und dort Form annimmt, kommst du nicht umhin, dir die Zeit zu nehmen, deine Vorstellungskraft zu erweitern. Genauer gesagt: Deine Vorstellung des Wunsches zu erweitern. Wie genau soll er aussehen? Wie stellst du dir es vor, dass er sich verwirklicht? Willst du weiterhin wünschen und auf Erfüllung hoffen? Auch das ist legitim und schöpferisch. Nur ist dadurch keine bestimmte Richtung vorgegeben. Es kann also geschehen – oder aber auch nicht.

Du aber willst die Rolle des bewussten Mitschöpfers einnehmen. Das bedeutet nichts anderes, als die Richtung selbst *vor-zu-geben*. Der Details bist du dir zu Beginn nicht bewusst. Du hast kein Bewusstsein für sie. Wie auch? Du hast dich damit ja bislang noch gar nicht beschäftigt. Nun aber tust du es, und die Vorstellungskraft ist dir dabei äußerst dienlich.

Wenn du dich in der Stille befindest und deine Gedanken auf den Wunsch ausrichtest, ist es so, dass dir dadurch immer mehr Informationen – also Details – zukommen. Das sind das Gesetz der Anziehung und das Gesetz des Wachstums in Aktion, wenn auch auf einer noch feinstofflichen Ebene. Hier bietet sich übrigens gleich eine gute Gelegenheit, dankbar zu sein. Dankbar für den göttlichen Mechanismus, der dir diese Details ohne Unterlass aus seinem unerschöpflichen Reservoir liefert.

Auch hier lohnt es sich, kurz inne zu halten und sich darüber ein paar Gedanken zu machen. Wo kommt eigentlich all das „Zeug" her, das sich uns in Form von Gedanken präsentiert? Richtig! Aus dem unendlichen Potenzial, das bis zu deiner Inanspruchnahme eben nur das war: reines Potenzial. „Statische Energie", wie Charles Haanel es nannte. „Bewusstsein im Ruhezustand" oder „Nullpunktfeld", wenn wir die quantenphysische Terminologie bevorzugen.

Dadurch, dass du immer wieder die Stille aufsuchst und deine Gedanken entsprechend ausrichtest, kommen dir besagte Details, Ideen und Möglichkeiten. Sie erlauben es dir, immer wieder den nächsten Schritt zu unternehmen. Erinnere dich: Der gesamte Prozess der Erfüllung beruht auf Wachstum – auf Entfaltung. Die dir vermittelten Informationen machen dieses Wachstum aus, denn zuvor standen sie dir ja nicht zur Verfügung. Nun aber schon. Sei erneut dankbar!

Allein die Informationen zu besitzen heißt aber noch nicht, sie auch zur Anwendung zu bringen. Das ist dann der nächste Schritt. Du benutzt dazu aber dein *Urteils-vermögen*, denn nicht immer sind alle Informationen oder Details für den nächsten Schritt relevant oder geeignet. Das zu erkennen, genau dabei hilft es dir.

Oft läuft dieser Prozess ohne jegliche Anstrengung deinerseits ab. Die Informationen strömen auf dich ein oder erscheinen wie aus dem Nichts. Auch das ist das Gesetz der Anziehung in Aktion. Gleiches zieht Gleiches an, selbst wenn der Verstand es nicht nachvollziehen kann, wie eine Sache gerade zustande gekommen ist.

Der Autor Ophiel sprach in seinem Buch „The Art and Practice of Getting Material Things through Creative Visualisation" von einer „sphere of availability", einem sogenannten Verfügbarkeitsraum. Dieser Verfügbarkeitsraum ist, wie der Name schon sagt, beschränkt. Das heißt im Klartext, dass es für dich in der jetzigen Situation bestimmte Dinge gibt, die sich nicht verwirklichen. Später vielleicht schon, aber in diesem Moment nicht.

Ophiel beschreibt das anhand eines Bettlers, in dessen Verfügbarkeitsraum sich ein kleiner Teppich für den kalten Boden befindet, aber kein Luxusauto. Für einen erfolgreichen Geschäftsmann sieht es hingegen anders aus. In seinem Verfügbarkeitsraum befindet sich sehr wohl ein Luxusauto, weil sich in diesem Raum auch ähnliche Dinge befinden. Auch hier ist das Gesetz der Anziehung am Wirken, denn Gleiches gesellt sich zu Gleichem.

Das bedeutet für dich in der Praxis, d.h. sowohl der Schulung deiner Vorstellungskraft als auch der Anwendung in der äußeren Welt, dass du dir Gedanken darüber machen musst, was mit wem verbunden ist.

Willst du mehr Geld, dann befasse dich mit Aspekten des finanziellen Reichtums. Hole dir Zeitschriften und Magazine, deren Zielgruppe Großverdiener sind. Gehe an Orte, wo sie sich aufhalten. Business Meetings, Golfplätze, Yachthäfen, Reitställe, Theater... um nur einige zu nennen.

Du erkennst sofort, dass durch den Akt der Vorstellung auf einmal neue Möglichkeiten entstehen. Du erkennst sofort, dass dieses Neue wenig mit dem zu tun hat, was du bislang getan hast, oder mit wem du dich an welchem Ort aufgehalten hast.

Schöpfung geschieht gesetzmäßig. Schöpfung geschieht *ent-spre-chend*. Es gibt auf der Welt unendlich viele reiche Menschen. Diese stellen sich im Leben auch auf vielfältige Weise dar, d.h. sie haben Interessen, die wiederum von anderen befriedigt werden, selbst wenn es nur eine Zeitschrift ist. Dadurch aber stößt du auf neue Aspekte des Wohlstands. Es kommen dir neue Informationen zu. Nicht nur wird deine Vorstellungskraft größer, sondern auch dein Mut, zur nächsten Tat zu schreiten.

Du siehst: Es ist ein ständiges ein und aus, auch hier. In der Stille kommen dir die ersten Ideen und Details, die du dann nachverfolgst, z.b. dadurch, dass du in den Zeitschriftenhandel gehst und dir dort entsprechende Magazine kaufst. Diese durchstöberst du und wirst dir weiterer Informationen bewusst. Du nimmst sie im Anschluss wieder mit in die Stille, um ihnen dort zusätzliche Details zu geben.

Während all dieser Aktivitäten machst du dir keine Gedanken über deine Absicht, deine Aufmerksamkeit und dein Interesse. Sie laufen automatisch nebenher, und das ist gut so. Sie aber führen dich von einem zaghaften Anfang hin zu einem umfangreichen Bild – ein Bild, das dir vor kurzer Zeit noch unmöglich schien.

So aber funktioniert die Schöpfung. Deine Absicht bestimmt deine Aufmerksamkeit und dein Interesse. Diese schaukeln sich gegenseitig hoch und führen zur Bewusstwerdung. Da du dich aber nur mit einer Sache gleichzeitig befassen kannst, laufen andere Dinge im Hintergrund ab. Es ist das perfekte Zusammenspiel des Bewussten mit dem Unterbewussten.

Spielen wir das Spiel weiter. Aus der Zeitschrift lernst du, dass es an einem bestimmten Datum eine Veranstaltung gibt. Du entscheidest dich an ihr teilzunehmen. Allein die Entscheidung ist bereits ein Erfolg, denn vor nur wenigen Minuten war sie noch nicht getroffen. Erkennst du hier, wie die Wertschätzung des Kleinen langsam zur Wertschätzung des Großen führt?

Du magst dir zu Beginn sagen: „Mir fehlt der Mut, dorthin zu gehen." Oder: „Da passe ich nicht rein." Klar, stimmt ja auch, aber wenn es dir wichtig ist, reich zu werden, dann musst du dich zwangsläufig anpassen. Es gibt Ausnahmen, aber die bestätigen nur die Regel.

Du entscheidest also, der Veranstaltung beizuwohnen. Dort kommst du ins Gespräch mit Menschen. Diese interessieren sich für deine Geschichte. Du erzählst ihnen dann, dass du ein Buch von Helmar Rudolph gelesen hast, dem erfolgreichen Autor. Dieses Buch, „*Alles. Einfach. Jetzt. – Das 24 Stunden Erfolgsbuch*", hat dich dazu gebracht, dich auf die Erfolgsschiene des Lebens zu begeben. Du bist nun dabei, dein Leben zu ändern, und deine Anwesenheit auf dieser Veranstaltung ist einer der ersten Schritte.

„Interessant", wird sich dein Gesprächspartner denken und mehr erfahren wollen. Und so führt eins zum anderen, und du bekommst eine Einladung zu einem weiteren Event. Vielleicht bekommst du auch Hinweise, die deiner Weiterentwicklung dienlich sind. Du erkennst aber auf Anhieb, wie hier bestimmte Verursachungsketten in Bewegung gesetzt werden, die sich selbst ähnlich sind. Auch das ist das Gesetz der Anziehung in Aktion.

Wir spielen weiter. Mit der Zeit entwickelt sich eine Freundschaft zwischen dir und besagter Person. Du entwickelst durch diese ersten Schritte Mut, Vertrauen und Zuversicht. Nebenbei stellst du fest, dass dein Fernseher seit 3 Monaten ausgeschaltet ist. Du stellst auch fest, dass du mit bestimmten Personen keinen Kontakt mehr hast, dafür mit anderen Personen umso mehr. Du stellst ebenso fest, dass du dich an bestimmten Orten nicht mehr aufhältst. Zudem stellst du fest, dass du bestimmte Gedanken nicht mehr denkst, dafür aber andere umso häufiger.

Deine Interaktion mit deinem neuen Freund entwickelt sich prächtig. Du hörst aufmerksam zu und wirst dir dadurch Details aus seinem Leben bewusst. Diese, zusammen mit der Arbeit, die du weiterhin an dir verrichtest, beginnen dich neu zu prägen. Nach einem knappen Jahr schaust du zurück und fragst dich, ob es jemals anders war. Ja, das war es, aber nun ist eine neue Zeit angebrochen.

Schrittweise arbeitest du dich voran. Mit zunehmender Zeit und Bewusstseinsentwicklung gehen mehr und mehr Dinge in den Bereich des Unterbewusstseins über. Genau dort willst du sie haben, denn dann musst du dir über sie keine Gedanken mehr machen.

Das Schöne an diesem Schöpfungsprozess ist, dass wir uns auf ihn verlassen können. Du und ich. Wir wissen um Geistigkeit, Entsprechung, Schwingung, Polarität, Rhythmus, Ursache und Wirkung und Geschlecht. Wir wenden sie konsequent an.

Das Verständnis führt nicht nur zu einer neuen gedanklichen Ausrichtung, sondern auch zu einer Ruhe und Gelassenheit. Das sind Qualitäten, die denjenigen fehlen, die nicht um diese Schöpfungsprinzipien wissen.

Ich fasse zusammen: Körperliche und gedankliche Kontrolle und Entspannung sind die Basis für das Stärken der eigenen Vorstellungskraft. Dein Lesen dieser Zeilen ist Beweis dafür. Würde neben dir jetzt ein Sprengsatz explodieren, wäre es schnell vorbei mit der Kontrolle und Entspannung. Tat er aber nicht. So hattest du die Muße, diese Zeilen in Ruhe zu lesen und ihren Sinn aufzunehmen, ohne dass du dir darüber Gedanken gemacht hast.

Während du diese Zeilen gelesen hast, erschufen sie in dir geistige Bilder und neue Gedankenkonstrukte. Sie führten zu neuen Ideen. Welche du davon verwirklichst, das entscheidest wieder einmal allein du, aber du hast erkannt, wie der Hase läuft.

Du weißt nun um die Macht der Vorstellungskraft. Sie erzeugt neue Bilder und neue Ideen. Verfolgst du sie, wächst du dadurch und näherst dich der Erfüllung deines Wunsches oder deines Ziels. Natürlich ist das hier vereinfacht dargestellt. Auch das Beispiel mag für dich nicht von *Be-deutung* sein. Daher ist es auch nur ein Beispiel. Projiziere es dann auf etwas, was dir angemessener erscheint. Der Ablauf ist und bleibt immer derselbe. Du kannst dich auch weiterhin auf die Prinzipien der Schöpfung verlassen. Sei dankbar. Sei demütig. Gehe in Frieden.

KONZENTRATION

Konzentration bedeutet das Bündeln von Gedanken. Im Idealfall bedeutet es das vollständige Aufgehen im Objekt deiner Begierde. Dadurch werden alle anderen Gedanken ausgeschlossen.

Durch deine Physiologie und den Ablauf bestimmter Prozesse kommt es nun dazu, dass Gedanken einer einzigen Art vom Gehirn über den Vagus Nerv an den Solarplexus weitergeleitet werden. Anders als im Gehirn findet dort keine weitere Abwägung oder Beurteilung statt. Hier wird lediglich das konsequent umgesetzt, was „von oben" herunter geschickt wurde.

Es ist so wichtig zu verstehen, dass der Verstand sorgsam urteilen muss. Es gibt danach keine zweite Instanz mehr, die etwaige Fehler korrigieren könnte. Das einzige, was einem zu Gute kommt, ist, dass der Prozess der Außerkraftsetzung *lebens-richtiger* Abläufe auf unterbewusster Ebene kein Zuckerschlecken ist. Da muss einiges an Aufwand getrieben werden, um das Lebensrichtige durch das Lebenswidrige zu ersetzen. Wie der Name aber bereits sagt, ist es lebenswidrig und führt zum vorzeitigen Ableben der Person, oder zumindest zu einer eingeschränkten Lebensqualität. Beide sind vermeidbar. Wer der Wahrheit keine *Be-achtung* schenkt, wird von ihr auch nicht *be-lohnt* werden. Innen wie außen, oben wie unten.

Konzentration wirkt aufgrund der fehlenden Abwägung auf unterbewusster Ebene prägend auf diese ein und *be-stimmt* sie dadurch. Da das Unterbewusste letzten Endes für deine Erfahrung im Leben *zu-ständig* ist, sollte es eben auch nur mit Informationen einer bestimmten Qualität gefüttert werden. Genau das fällt dir zunehmend leichter, denn mit einem bestimmten Verständnis (Goldener Schnitt) geht es dann gar nicht mehr anders. Dann hast du dich vom einen Pol ab- und dem anderen zugewandt – ein riesiger Erfolg!

Die sich der Qualität abwechselnden Schwingungen des Pendels des Lebens gleiten dann unter dir hinweg, während sie den unbewussten Menschen mitreißen und ihm Leid zufügen. Dieses Hinweggleiten des Pendels des Lebens – dem stetigen Ein und Aus – ohne eine nennenswerte Auswirkung der negativen Aspekte auf ein Leben ist ein weiterer Riesenerfolg in deinem Leben.

Das Konzentrieren auf bestimmte Dinge muss wie die Vorstellungskraft kontinuierlich und diszipliniert geübt werden. Der Lohn ist eine ausgeprägte Intuition. Natürlich klappt nicht alles und immer, aber immer mehr und immer öfter. Nach oben hin wird es immer leichter.

Und dein Freund ist nun schon lange kein neuer mehr. Durch ihn bist du in einen anderen Gedankenkreis geraten, in einen anderen Gesellschaftskreis und somit in einen anderen Verfügbarkeitsraum.

Natürlich musst du für dich entscheiden, ob du das alles auch wirklich willst. Eines steht fest: Wenn du weiterhin das machst, was du bisher gemacht hast – wobei „machen" im weitesten Sinne des Wortes aufzufassen ist – dann wirst du auch weiterhin das bekommen, was du bisher bekommen hast. Wenn du davon aber „die Nase voll" hast und es nicht mehr „riechen" kannst, weil es „zum Himmel stinkt", dann bist du auf dem besten Wege zum Erfolg. Dann ist nämlich so viel Spannung und Missstimmung in dir entstanden, dass es zwangsläufig zur Entladung, also Handlung kommen muss.

Konzentration wird natürlich auch in der Stille durchgeführt. Sie kann auch nur dann stattfinden, wenn du gedanklich entspannt bist. Und wenn Platz in den Gedanken ist, neue Gedanken zu denken und sie in ihrer Qualität einheitlich oder ähnlich zu halten. Das bezeichnen wir dann mit Gedankenbündelung. Wie Charles Haanel im Master Key System bereits schrieb: „Ein Gedanke ist Energie. Ein konzentrierter Gedanke ist konzentrierte Energie." Je konzentrierter deine Gedankenenergie, desto wahrscheinlicher ist ihre Verwirklichung. Auch das ist Gesetz. Auch darauf kannst du dich verlassen. Auch darüber musst du dir keine Gedanken machen. Auch daran gibt es nichts zu zweifeln.

Konzentration ist wie das Anstechen eines Ballons, wie ein Bienenstich oder eine Gewehrkugel. Sie *be-wirkt* etwas. Sie ist das männliche, impulsgebende Element, das dazu führt, dass sich beim Empfänger etwas regt. In diesem Fall regt sich das Unterbewusste in Form von Intuition – auch Eingebung oder Erkenntnis genannt. Auf diese Eingebung hin musst du dann handeln, denn das ist die Art und Weise, wie das Unterbewusstsein mit dir kommuniziert. Da das Unterbewusstsein eins ist mit dem Universellen Bewusstsein („Gott"), sind das die Hinweise, auf die hin du aktiv werden musst. Das sind die Wege und Möglichkeiten, auf die du gewartet hast, und die den Prozess des Wachstums bedeuten, welcher dich schlussendlich zum Ziel, d.h. zum Erfolg führt. Ich wiederhole mich, aber auch das ist gut. Du weißt warum.

Ich fasse zusammen: Vorstellungskraft und Konzentration führen dazu, dass von dir vorgegebene Impulse ans Unterbewusstsein weitergeleitet werden. Dort werden sie umgesetzt. Nicht auf Anhieb, aber garantiert durch stetes Wiederholen – durch Beharrlichkeit und Disziplin.

Durch das Aufgehen im Objekt deiner Begierde schließt du automatisch alles andere aus – wenn auch nur für einen kurzen Moment. Währenddessen bist du jedoch eins mit deinem Wunsch. Das erfüllt dich mit Freude und Genugtuung. Beides sind Gefühlsäußerungen, hervorgerufen durch das endokrine Drüsensystem. BANG! Schon hast du eine direkte Verbindung zwischen dem Geistigen und dem Körperlichen erschaffen.

Du bist erfolgreich! Du erkennst den Vorgang, wiederholst ihn stetig und bewusst so lange, bis dein Verstand müde wird und ihn komplett der mächtigen Domäne des Unterbewusstseins übergibt. Dort verwirklicht er sich wie von selbst, und du bist mit dem Resultat deiner Arbeit zufrieden. Sehr zufrieden. Sei dankbar. Sei demütig. Gehe in Frieden.

KAPITEL 9 – ANWENDEN

ERFOLG IN BEZIEHUNGEN

Hier spreche ich – wie überall woanders auch – aus eigener Erfahrung. Alles andere wäre *un-glaub-würdig*. Gleich vorweg: Am besten sind deine Beziehungen dann, wenn du sie nicht brauchst; wenn kein aus dem Mangel heraus entstandenes Bedürfnis besteht und somit keine Abhängigkeit oder Erwartungshaltung gegenüber der anderen Person. Paradoxerweise ist Freiheit ein integraler Bestandteil einer harmonischen Beziehung – man ist ja nicht an der Hüfte miteinander verbunden – wobei auch diese Freiheit in einem engen Rahmen abläuft, den ihr euch selber absteckt, also definiert.

„Schlimmer geht's nimmer", schrieb eine Dame auf meiner Chronik, als ich dieses Buch ankündigte. Das brachte mich sofort auf den folgenden Gedanken: Früher, als ich Single war, habe ich mir immer, wenn ich auf Paare stieß, wo die Frau auf mich anziehend wirkte, vorgestellt, wie sie mit mir zusammen denn so wäre. Ich habe die bestehende Beziehung nicht respektiert und geschätzt, sondern bin mit meinem Ego dort rein und habe sie gedanklich getrennt – wenn auch unbewusst. Das aber hatte entsprechende Auswirkungen, denn was für ein Signal habe ich denn ausgesandt?! Kaum *aus-zu-denken*, würde man sagen.

Später wurde mir mein Fehler bewusst. Ich ging anschließend dazu über, Paare als Einheit wertzuschätzen und ihnen alles Liebe und Gute zu wünschen. In Gedanken natürlich. Somit habe ich durch mein neues Verständnis ein Gegenargument unterbreitet, das wiederum eine neue Ursache hervor rief. Es sollte nach einigen fehlerhaften

Anfängen nicht mehr lange dauern, bis sich das auch bei mir im Leben *be-merk-bar* machte und ich auf die Partnerin stieß, mit der ich heute mein Leben teile.

Das einfach nur mal als einfaches Beispiel, wie das neue Wissen in der Praxis angewandt werden kann. Darüber hinaus gibt es natürlich noch unzählige andere Wege. Jede Situation hat ihren eigenen Ansatz, aber du verstehst auf Anhieb, wie sich ein höher entwickeltes Bewusstsein für alle im Außen sofort wohlwollend darstellt.

Die Grundlagenübungen sind in bestehenden Beziehungen von übergeordneter Bedeutung. Durch sie lernst du nämlich, auf Situationen oder Ereignisse zu reagieren, die diese Konstellationen mit sich bringen. So wirst du in die Lage versetzt, Konflikte zu vermeiden, bevor sie ihr unheilvolles Wesen treiben.

Bist du in keiner Beziehung, wünschst dir aber eine, lehrt dich das Wissen um den Schöpfungsprozess und die damit verbundenen Gesetzmäßigkeiten, mutig, offen und ehrlich zu sein. Zu verlieren hast du nichts, und dein Ego hast du auch zunehmend unter Kontrolle.

Auch hier habe ich persönlich festgestellt, wie viel harmonischer die zwischenmenschliche Kommunikation ist, wenn man weiß, wie man Distanz zu sich selbst einnimmt und die gegenwärtige Situation mit anderen Augen als nur der des Ego betrachtet. Man kommt dann gar nicht umhin, als über sich selbst zu lachen und somit der Situation ihre Schwere und somit Belastung zu nehmen.

Es ist bei Beziehungen überaus wichtig zu verstehen, dass du nicht auf eine bestimmte Person aus bist. Ich wiederhole: Die Person spielt nur eine untergeordnete Rolle. Warum? Weil du ein geistiges Wesen *bist*, das einen Verstand und einen Körper *be-sitzt* und beide benutzt, um sich im Leben zu erfahren. Du *bist* also Geist und keine Materie. Daher findest du auch keine dauerhafte Befriedigung in materiellen Dingen. Diese sind lediglich Hilfsmittel, die beim Erschaffen von *Bewusst-seins-zu-ständen* unterstützend mithelfen. Sie sind also nicht das, worauf du wirklich aus bist.

Lies den obigen Absatz bitte noch einmal.

Im Klartext heißt das folgendes: Wenn du dich auf eine Person einschießt oder an ihr festhältst, legst du die Basis für Unzufriedenheit und Enttäuschung. Du erschaffst künstlich Widerstände. Und auch wenn du langfristig daran wachsen (oder zugrunde gehen) wirst, kurzfristig fühlt es sich nicht gut an.

Was ist also die Lösung, wenn ich mir schon keine Person vorstellen soll? Ganz klar: Stell dir das Gefühl vor. Stell dir die Freude und Liebe vor, die Gemeinsamkeit und gegenseitige Unterstützung. Stell dir die Harmonie und Glückseligkeit vor, die du in einer Partnerschaft – ganz gleich ob neu oder bereits vorhanden – erleben möchtest. Nur dann erzeugst du einen energetischen Fingerabdruck, ein bestimmtes Schwingungsmuster, welches mit ähnlichen Mustern anderer Menschen oder gar derselben Person resoniert. Und wenn hier zwei sich selbst ähnliche Muster aufeinander treffen, kommt es zu einer Harmonie und Verstärkung.

Das zu wissen erspart dir viel Sorge und Leid, auch im Beruf. Wenn es mit einer bestimmten Person also nicht klappt, dann ist schlichtweg keine ausreichende Resonanz vorhanden, um es auf eine höhere Stufe zu heben. Das kann sehr wohl noch Zeit in Anspruch nehmen. Es kann aber auch sein, dass es nie etwas wird, weil ein „Nein" oder „Vielleicht" eben kein „Ja" ist. Nur ein „Ja" würde zu noch mehr führen, weil nur ein „Ja" Lebenskraft hat, ein „Nein" jedoch zu nichts führt, und ein „Vielleicht" einfach nur lähmt und dadurch Widerstände aufbaut und Energien zerstreut.

Du erkennst, worauf ich hinaus will. Werde in Beziehungen zu dem, was du dir wünschst. Lege dich nicht auf eine bestimmte Person fest. Lasse es offen und folge deiner Verzückung. Der Widerstand einer Person zeigt nur, dass es woanders eine andere gibt, mit der die Dinge einfach nur fließen und harmonisch sind. Genau das und nichts anderes willst du in einer Beziehung. Natürlich wächst du an Widerständen, aber zu viele davon richten dich zugrunde.

Beherzige diesen Rat, denn er wird dir nicht nur viel Schmerz ersparen, sondern – im Gegenteil – wird er dich harmonischer, offener, ehrlicher, gelassener, akzeptierender und einfach besser machen. Somit wirst du selbst viel geeigneter für eine dauerhafte und erfüllende Beziehung, ganz gleich, ob du nach einer suchst oder die bestehende auf ein harmonischeres Niveau zu heben gedenkst.

Schau in jeder Situation genau hin und verfalle nicht in Vorurteile. Plappere auch nicht deine unterbewussten Glaubenssätze heraus, sondern mache dir Gedanken über die Situation. Du wirst nämlich feststellen, dass das, was dir vermeintlich fehlt, sehr wohl von anderen Menschen oder durch andere Gegebenheiten bewerkstelligt wird. Du hast ihnen nur keine Aufmerksamkeit geschenkt.

Das ist allgemein das Wunder des Bewusstseins. Schau genau hin und erkenne dadurch Neues. Erkenne nämlich genau das, worauf du deine Aufmerksamkeit gelenkt hast. Wie oben, so unten; wie innen, so außen! Ist das nicht geil? Also, auch hier ran an die Beziehung mit einem völlig neuen Bewusstsein, Mut und Tatendrang, aber gleichzeitig souverän und gelassen, als würdest du es nicht wirklich brauchen. Wie heißt es im Englischen doch so schön: „*You're at your best when you don't give a shit.*" Dein Bestes kommt dann heraus, wenn es dir vollkommen gleichgültig ist.

Zusätzlich möchte ich dich auf „The Work" von Byron Katie, sowie auf „Wie Visionen wahr werden" von Dr. John Demartini verweisen. Beide Bücher öffnen dir die Augen und werden deine Beziehungen in einem ganz anderen Licht erscheinen lassen. Sie werden dich ermächtigen und befähigen, von nun an in zwischenmenschlicher Harmonie zu leben. Auch das bedeutet Erfolg. Natürlich gibt es darüber hinaus unzählige Bücher, Filme oder Beratungen, die dir weitere wertvolle Informationen vermitteln. Mit einer offenen Einstellung werden dich die richtigen Informationen zur richtigen Zeit finden. Daher gilt auch hier: Halte die Augen offen!

ERFOLG IM BERUF

Zum Glück sind wir alle anders. Jeder möchte etwas anderes vom Leben, und das ist auch gut so. Der Beruf ist ja nun mal das, was den meisten Menschen ein Einkommen beschert. Da das Geld gegenwärtig noch die Welt regiert, ist ein gutes Einkommen für viele Menschen der Gradmesser für Erfolg schlechthin. Ein Fehlschlagen im Beruf hat oftmals tiefe psychosomatische Störungen zur Folge, mit all den Auswirkungen auf Gesundheit, Familie und Gesellschaft.

Vor allem hat jeder von uns eine bestimmte Prägung und somit unterbewusste Haltung zum Geld – oder zu Menschen mit Geld. Unterbewusst, wohlgemerkt. Wir machen uns keine Gedanken mehr darüber, auch nicht, wenn wir mal wieder einen flapsigen Spruch in Richtung des Typen machen, der da gerade mit seinem teuren Ferrari oder Bentley vorbeifährt.

Erfolg im Beruf beginnt, endet jedoch nicht mit der Innenschau und der Überprüfung der eigenen Glaubenssätze. Hältst du dich für zu alt, etwas Neues zu beginnen? Meinst du, du hast nicht die richtige Qualifikation? Glaubst du, du hast nicht die Zeit, dich neu zu orientieren? Bist du gar der Überzeugung, dass du nach der Entlassung in die Arbeitslosigkeit bei der gegenwärtigen Wirtschaftslage keine Aussicht mehr auf eine neue Anstellung hast? Dann ist dir zu gratulieren, denn du bist gerade äußerst erfolgreich. Leider in die völlig falsche Richtung.

All diese Meinungen und Überzeugungen sind falsch und somit lebenswidrig. Sie alle bewegen dich dem Pol zu, an dem du dich garantiert nicht aufhalten willst. Sie alle sind aber schöpferisch, da du ja bereits gelernt hast, dass sich Geist qualitativ in beide Richtungen ausbreiten kann, die lebensrichtige oder die lebenswidrige.

Da du mit jedem Atemzug eine neue Wahl treffen kannst, triff doch die des Idealzustands! Wenn du eh schon was tust, warum dann nicht gleich das Richtige?! Wähle Fülle. Wähle Möglichkeiten. Wähle Mut. Wähle Genugtuung. Wähle Erfüllung. Wähle Wachstum. Wähle... ach, schau einfach mal bei den Machtworten im letzten Kapitel nach. Dann weißt du, auf was deine Wahl fallen muss, wenn du beruflichen Erfolg dein Eigen nennen möchtest.

Ich selber habe mich im Alter von 40 Jahren noch einmal völlig neu orientiert und erfunden. Zuvor habe ich Webseiten entwickelt, Softwareprojekte ins Leben gerufen oder betreut, sowie Firmen beraten. Nun schreibe ich Bücher, gebe Vorträge und bin zu einer anerkannten Autorität in diesem Bereich geworden. Und warum? Weil ich es so gewählt habe. Ich habe mich nicht von möglichen Fallen, Hindernissen oder Fehlschlägen entmutigen lassen. In der Tat habe ich sie gar nicht beachtet, so sehr war ich mit der neuen Aufgabe beschäftigt. All das hat mich zu dem gemacht, was ich heute bin. So wird es auch dir er-gehen.

Auch dir sind diesbezüglich keine Grenzen gesetzt. Geist ist und bleibt schöpferisch, und ganz gleich, wie die Wirtschaftslage allgemein (!) ist, es wird immer Geld geben, und es werden immer Ströme von Produkten und Dienstleistungen fließen. Immer. Ohne Ausnahme. Und wenn du „hell" bist, erkennst du diese Ströme, trittst in sie ein und nimmst an ihnen teil – erlabst dich an ihnen. Das führt dich auf finanzieller Ebene zum Erfolg. So einfach, so gut. Du wolltest es doch so, nicht wahr?

Aber auch dieser kommt nur durch deine geistige Inanspruchnahme zu dir. Es ist genauso schöpferisch, das Negative und Unmögliche in einer Sache zu sehen. Interessanterweise wird das aber zunehmend schwieriger, je besser sich deine Gesundheit entwickelt. Dort erkennst du nämlich am schnellsten Fortschritte, was zusätzlich Mut macht, diese auch in anderen Bereichen des Lebens zu erfahren.

Damit kommen wir gleich zum nächsten Abschnitt. Zuvor möchte ich aber noch einen Aspekt abhandeln, der beim beruflichen Erfolg absolut übergeordnet ist: Dienst. Wieder einmal kannst du mehr dazu im Master Key System nachlesen. Ich möchte dich hier nur darauf hinweisen, dass deine Belohnung im Verhältnis zu dem Dienst steht, den du anderen erweist.

Vor allem gilt es hier die komplexe Verwicklung von Ursache und Wirkung zu erkennen, denn eine Ursache ist gleichzeitig eine Auswirkung von etwas anderem. Das habe ich in einem YouTube Video von mir („Ich bin erfolgreich | Ursache und Wirkung") klar und deutlich erklärt.

Je mehr Geld du empfangen willst, desto größer muss dein Dienst am Mitmenschen sein, denn von diesen stammt letzten Endes ja das Geld. Du musst dazu keine 12km lange Brücke bauen, aber wenn du vielen Menschen eine kleine Freude machst, so wie ich mit diesem

Buch, so kann auch das dazu führen, dass du dein finanzielles Ziel erreichst. Die Wertschätzung des Anderen und des Kleinen führt zu deren Wertschätzung und Anerkennung dir gegenüber. Das Große ist – wie bereits erwähnt – auch nur eine Ansammlung zahlreicher kleiner Einzelteile.

Auch hier ist es stets angeraten die Stille aufzusuchen, um dir weiterer Informationen gewahr zu werden, wie ein noch größerer Erfolg erzielt werden kann. Z.B. gibt es dieses Buch erst einmal als eBook. Dazu habe ich bereits eine Webseite erstellt, wo alles automatisch abläuft. Dann kommt die Kindle Version. Für diese habe ich bereits ein Konto bei Amazon, wo ich das eBook hochladen kann. Dann wird das gedruckte Buch folgen - dieses hier! Dafür habe ich bei Createspace.com bereits ein Konto, wo ich dieses Buch hochladen kann, so dass es in Deutschland bei Amazon.de verfügbar ist. Dazu habe ich Adobe InDesign, mit dem ich das Buch entwerfe. Schreiben tue ich es zunächst in Microsoft Word. Bekanntgeben tue ich es über Twitter, Facebook und meine Website. Dort kann es bereits bestellt und bezahlt werden, während ich es noch schreibe.

Du erkennst auf Anhieb, dass es sich hier um vielfältige Verursachungsketten handelt, die alle irgendwie miteinander verwoben sind. Der geschulte Geist ist in der Lage, diese Ketten nutzbringend zu verbinden und sie weiter auszubauen. Auch das bedarf eines geistigen Befassens damit. Es bedarf Vorstellungskraft, Kombinationsvermögen, Konzentration und natürlich einer konsequenten Durchführung.

Ich bin mutig und schlau. Vor allem ist es mir egal, was andere über mich oder das Buch denken. Ich schreibe es mit einer bestimmten Absicht, und wenn es vom Markt wohlwollend aufgenommen wird, werde ich entsprechend belohnt werden. So einfach ist es, hier wie auch überall woanders.

Niemals in der Geschichte der Menschheit war es einfacher als heute, Geld zu verdienen. Niemals. Es stehen dir unzählige Kanäle zur Verfügung. Selbst wenn du nur einige wenige davon effektiv in Anspruch nimmst, verbessert sich dadurch deine finanzielle Lage in kurzer Zeit deutlich.

Fange vor allem an! Ich hatte z.B. bei Createspace.com monatelang zuvor ein Konto, bevor ich das erste englischsprachige Buch hoch lud. Nun hat es sich in der Zwischenzeit so entwickelt, dass ich dort auch CDs und DVDs hochladen kann. Und die Bücher sind nun auch in Europa über Amazon verfügbar. Alles Bewusstsein. Alles ermöglicht durch Menschen, die uns im Dienst stehen. Grandios, oder etwa nicht? Natürlich kannst du bei allem auch die negative Seite sehen. Zu wenig Kommission. Mangelnde Verfügbarkeit im traditionellen Buchhandel, etc. pp. Bloß was bringt dir das? Nichts. Eben. Also hör auf damit und sei dankbar. Sei demütig. Gehe in Frieden. Und *„kick ass like never before!"*

ERFOLG IN DER GESUNDHEIT

1991 wurde ich zur alljährlichen internationalen Konferenz der Südafrikanischen Direkt Marketing Gesellschaft (SADMA) eingeladen. Damals war ich 24. Eingeladen wurde ich, weil ich als Student des Institute of Marketing Management (IMM) in Johannesburg eine Werbemail bekam. Die hatten schon damals schön mit den Adressen gehandelt.

Ich schickte dem Organisator ein Fax, dass ich gerne kommen würde, aber kein Geld für Flug und Konferenzgebühr hätte. Daraufhin antwortete er, dass wenn ich mir einen Flug besorge, ich dort kostenlos teilnehmen könnte. So schrieb ich South African Airways, bekam einen wirklich günstigen Flug und machte mich auf die Reise. Ich war dort der einzige Student, und Brian McDonald, der damalige Organisator, sollte dann in Kapstadt mein erster und einziger Arbeitgeber werden.

Die Sprecher dort waren wirklich hochkarätig. Dr. Ichak Adizes, James Rosenfield, John Frazer Robinson, „Rocket" Ray Jutkins, um nur einige zu nennen. Die Tage waren unvergesslich und für meine weitere Zukunft richtungsweisend. Ich erinnere mich noch genau, denn es war ein Mittwoch, und ich musste danach unbedingt mein Hochgefühl ausleben. So nahm ich den Fahrstuhl im Carlton Center und fuhr bis in den 50. Stock hoch, wo es eine Panoramaaussicht über ganz Johannesburg gab. Ich war ganz oben – so oder so!

Im Jahr 1999, also 8 Jahre später, stand ich dann mit „Rocket" Ray Jutkins in Dubai gemeinsam auf der Bühne. Das gibt mir heute noch Gänsehaut. Es zeigt dir aber, was entstehen kann, wenn du mutig und entschlossen bist. Ich war noch reichlich naiv und unbefangen, was mir jedoch damals eine große Hilfe war. Bewahre auch du dir diese Naivität, denn sie schützt dich vor den blöden Ausreden und Marotten, die sich mit zunehmendem Alter einschleichen.

Ah..., Gesundheit, stimmt ja. Als Dr. Adizes seine Präsentation hatte, sagte er folgendes zu den Teilnehmern: *„Ich nehme jeden einzelnen von euch mit nach Amerika, und in kürzester Zeit machst du $1 Million – vorausgesetzt du bist gesund."*

Adizes sagte, dass es vollkommen irrelevant ist, was für Träume du im Leben hast, auch finanzieller Art – wenn du nicht gesund bist, kannst du sie abhaken. Daher sollte der gesundheitliche Erfolg an erster Stelle stehen. Glücklicherweise ist dieser Bereich auch der, der am schnellsten Resultate hervorbringt. Alles, was es bedarf, ist ein bewusster Atemzug.

Ja, richtig, ein bewusster Atemzug ist ausreichend, um Veränderungen auf körperlicher Ebene zu bewerkstelligen. Überhaupt ist richtiges Atmen zentral für dein Wohlbefinden. Auch hier wieder der Verweise auf Charles Haanel, der schreibt, dass wir „mit dem Atmen nicht nur Luft in Form von Sauerstoff und Stickstoff aufnehmen, sondern auch pranischen Äther", der pure Lebenskraft an sich ist.

Gesundheit hat natürlich zahlreich andere Aspekte, die ihr zu- oder abträglich sind. Dazu gehören u.a. körperliche Betätigung, Ernährung und Ausscheidung. Natürlich gehört auch eine entsprechende Geisteshaltung dazu.

Meine persönlichen Empfehlungen habe ich weiter hinten aufgeführt. Alles andere darfst du dir selber zusammensuchen. Aber auch hier gilt: Energie folgt Aufmerksamkeit. Auch – oder vor allem – Gesundheit unterliegt bestimmten Gesetzmäßigkeiten.

Noch einmal: Nirgends zeigt sich Erfolg schneller als auf der körperlichen Ebene. Nutze dies, um Mut für berufliche und partnerschaftliche

Veränderungen zu schöpfen. Je ausgeglichener dein Gemütszustand ist, desto besser bist du in der Lage, mit externen Faktoren umzugehen. Das hat natürlich wiederum Auswirkungen auf deinen Gesundheitszustand. Wo es keinen Stress und Widerstand gibt, sondern wo aufgrund eines höheren Verständnisses alles fließt, dort herrschen Einheit, Ordnung und Harmonie. Das kann ich gar nicht oft genug wiederholen.

Es war niemals so einfach wie heute, sich gesund zu ernähren, Sport zu treiben und Hilfsmittel zu benutzen, einen starken und beweglichen Körper zu schaffen, der dir als Vehikel dient, deine Ziele zu erreichen, d.h. erfolgreich zu sein.

Nahrung ist nichts anderes als Schwingung. Nimmst du lichtreiche Nahrung auf und versiehst sie während des Verzehrs mit den entsprechenden Gedanken von Liebe, Harmonie, Wohlstand, Gesundheit etc. modulierst du ihnen eine lebensrichtige Qualität auf. Nichts Anderes sollte für dich in Betracht kommen.

Erinnere dich: Mangelnde Gesundheit steht dir immer im Wege, wenn es um Erfolg geht. Da der Körper auf einer niederen und somit dichteren Ebene steht als der Gedanke, wird ihm immer zuerst die Aufmerksamkeit zuteil, wenn etwas nicht stimmt. Das ist wie eine Batterie, die Licht geben soll. Wenn sie leer ist, ist auch keine Energie für die Scheinwerfer da, ganz gleich wie ausgeklügelt und modern diese sein mögen.

Niemand von uns wünscht sich Krankheiten. Wenn diese dennoch auftreten, hat das Gründe, die außerhalb des Wachbewusstseins liegen. Dann gilt es Ursachenforschung zu treiben, um diese durch den Akt der Polarisierung neu zu setzen, d.h. durch einen Ausgleich eine Harmonisierung der körperlichen Prozesse herzustellen.

Gehe stets behutsam mit deinem Körper um, insbesondere dann, wenn an ihm Disharmonien auftreten. Vor allem dann bedarf er deiner Liebe und Zuneigung; ansonsten stehst du der Heilung im Wege.

KAPITEL 10 – WIEDERHOLEN

DEINE MACHTWORTE

Unten findest du eine Liste von Wörtern, die von herausragender Bedeutung sind. Ich habe sie – soweit möglich – in einer logischen Reihenfolge angeordnet. Ich habe bewusst keine weiteren Kommentare dazu geschrieben, weil ich möchte, dass du dein eigenes Erfolgsbewusstsein um diese Wörter herum entwickelst.

Werde dir zunächst der Reihenfolge bewusst. Sie spiegelt die Aspekte des Schöpfungsprozess wider. Du weißt ja, dass es für alles eine Ordnung und Regelung gibt. Das gilt – wie bereits erwähnt – sowohl für mondäne Dinge wie Autos oder Waschmaschinen, als auch für das, was du zu verwirklichen suchst.

Wähle dir dann aber auch die Wörter heraus, die dir spontan und intuitiv ins Auge fallen. Verweile auf ihnen und werde dir ihrer Bedeutung bewusst. Energie folgt Aufmerksamkeit, hier wie überall woanders auch. Viel mehr dazu findest du in meinem einzigartigen Produkt, dem „Visuellen Master Key", einem 360 Grad Panorama mit über 200 solcher Machtworte, ihren Erklärungen, Affirmationen und Verknüpfungen.

1. *Absicht*
   Das, was du im Geiste „siehst" und zu verwirklichen gedenkst.
2. *Inanspruchnahme*
   Dein bewusstes, später aber instinktives Verlangen nach allem Guten, Schönen, Liebevollen und Erhabenen.

3. *Aufmerksamkeit*
   Die Fähigkeit, bestimmte Dinge in ihrer Qualität zu erkennen und sie dir durch Wiederholung zu Eigen zu machen.
4. *Interesse*
   Dein innerer Trieb, Neues zu erfahren und dir dessen bewusst zu werden.
5. *Vorstellungskraft*
   Die Kraft, dir im Geiste Bilder davon zu machen, was du verwirklichen wirst.
6. *Konzentration*
   Die Fähigkeit, deine Gedanken zu bündeln und vollkommen im Objekt deiner Begierde aufzugehen, d.h. dich damit zu identifizieren. Wirkt prägend auf dein Unterbewusstsein ein.
7. *Disziplin*
   Dein beharrliches Streben, einen einmal gefassten Beschluss bis zum Erfolg durchzustehen.
8. *Glauben*
   Das, was dich zum Wissen führt; das Festhalten am Wunsch als bereits bestehende Tatsache.
9. *Wissen*
   Die Kategorisierung und Klassifizierung von aufgenommenen Informationen zwecks späterer Nutzung.
10. *Vertrauen*
    Das Resultat des Wissens um den schöpferischen Prozess und seine Gesetzmäßigkeiten.
11. *Urteilsvermögen*
    Die Fähigkeit, Dinge oder Situationen in ihrem Kern zu erkennen und angemessen darauf zu reagieren.
12. *Gelassenheit*
    Die Konsequenz vom Erkennen von Mustern und sich wiederholenden Zyklen, kombiniert mit Einsicht und Erkenntnis.
13. *Mut*
    Der innere Antrieb, sich in derzeit noch Unbekanntes zu stürzen, um es gepaart mit Wissen und Vertrauen bekannt zu machen und zu verwirklichen.

14. *Tatendrang*
Die praktische Initiative, Wünsche zu verwirklichen.
15. *Wiederholung*
Ein Erfordernis, um zu Ergebnissen zu kommen und Vorgänge oder Prozesse zu vereinfachen.
16. *Dienst*
Das Resultat tiefer Erkenntnis, dass der eigene Erfolg immer vom Erfolg anderer abhängig ist.
17. *Erfüllung*
Das Ziel jeglichen Erfolges.
18. *Dankbarkeit*
Die grundlegende Charaktereigenschaft eines erfolgreichen Menschen und die Voraussetzung jeglicher Verwirklichung.
19. *Freude*
Die geistige Einstellung bzgl. der Wertschätzung von sowohl Weg als auch Ziel.
20. *Liebe*
Der Motor jedweder geistiger Anstrengung auf allen Ebenen der Existenz. Das Bindemittel jeglichen Erfolges.
21. *Friede*
Das Ergebnis von Erkenntnis, Weisheit und letzten Endes auch Erfolg.
22. *Stille*
Die Quelle neuer Ideen und der Ort der Erkenntnis bzgl. deiner Einheit mit der Allmacht.
23. *Demut*
Das Resultat eines entwickelten Bewusstseins und die wertschätzende Einstellung eines erfolgreichen Menschen.
24. *Verzückung*
Der Weg und das Ziel.

DEINE ERFOLGSAFFIRMATIONEN

» Ich erkenne die in mir weilende, unendliche Energie an und benutze sie, um meine Ziele zu erreichen.

» Ich bin stets gut genug, meine Träume zu erfüllen und in jeglicher Hinsicht erfolgreich zu sein.

» Ich habe es verdient, ein Leben in Fülle zu leben. Dafür bin ich dankbar.

» In der Stille schule ich meine Kraft, mir neue geistige Bilder zu erschaffen und mit Details zu versehen, sowie die Fähigkeit, meine Gedanken auf ein beliebiges Objekt zu konzentrieren.

» Ich wiege alle neuen Informationen sorgfältig ab und handle stets konsequent.

» Ich vertraue dem Schöpfungsprozess und erkenne die ihm innewohnende Wahrheit.

» Ich heile mich von innen und nehme im Außen das Schöne, Wohlwollende, Liebevolle und Ordentliche wahr – für mich und alle anderen.

» Ich bin mit allem und jedem im Reinen.

» Ich stehe mit allem, was ich wahrnehme, in Verbindung und erkenne dadurch meine Einheit mit allem, was ist.

» Ich stelle mich in den Dienst der Menschheit und werde dadurch reichlich belohnt.

» Ich danke der Universellen Intelligenz für ihre grenzenlose Großzügigkeit und Güte.

» Ich lebe meine Berufung in Freude und Demut aus und erfülle mir damit mein Leben.

DEINE ERFOLGSAUFGABEN

» Nimm eine alltägliche Situation und betrachte sie mit völlig neuen Augen. Ändere die Himmelsrichtung oder denke dir einfach, du wärst noch niemals dort gewesen. Achte dann genau auf das Resultat, d.h. die Energie, die sich dadurch ergibt.

» Mach dir einen Plan. Schreibe dir auf, was du wirklich willst. Aufschreiben verstärkt die Gedanken.

» Erstelle dir eine Visionstafel. Schneide Bilder oder Sprüche aus, die deine Wunscherfüllung visuell unterstützen. Verweile ein wenig auf ihnen, um dir klar zu werden, ob du sie wirklich willst, oder ob du es dir nur eingeredet hast.

» Sprich einen fremden Menschen an und unterhalte dich mit ihm. Sag, wie sehr du ihn schätzt, weil du dich in ihm wieder erkennst.

» Versetze dich in eine fremde Person und versuche die Welt mit ihren Augen zu sehen.

» Lies Autobiografien erfolgreicher Menschen. Lass dich davon inspirieren und motivieren. Erfolg hat bestimmte Eigenschaften und Merkmale.

» Lasse vor dem Schlafengehen den Tag noch einmal Revue passieren und gib Dank für all das Schöne, das am Tage passiert ist.

DEINE BESINNUNGEN

» Ich besinne mich auf die Allgegenwart, Allmacht und Allwissenheit.

» Ich besinne mich auf Bewusstseinszustände wie Harmonie und Glückseligkeit.

» Ich besinne mich auf meine Einheit mit allem, was besteht.

» Ich besinne mich auf die göttliche Macht und Kraft, die in mir weilt und von mir in Anspruch genommen wird.

» Ich besinne mich auf meine wahren Ziele im Leben – auf meine Berufung.

» Ich besinne mich auf den Dienst, den ich mit Freude leiste und der mir ein angenehmes Leben beschert.

» Ich besinne mich auf meine Fähigkeit zu heilen und wiederher-
zustellen.

» Ich besinne mich auf das Licht und die Liebe, die ich wahrhaftig
bin.

DEINE GEHIRNAUFFRISCHER

» *Es gibt keinen anderen.*
All das, was du wahrnimmst, sind nur Projektionen des einen
Bewusstseins. Möchtest du eine harmonische Umgebung
erfahren, erschaffe sie zuerst in dir, denn nur dort besteht die
gegenwärtige Disharmonie. Natürlich gibt es Seelen, die sich
im Leben erfahren, aber in letzter Instanz sind auch sie nur
Projektionen deines Bewusstseins. Möchtest du jemanden
heilen, heile ihn in dir, denn nur dort besteht die Krankheit.
Auch die vermeintlich „anderen", die diese Krankheit wahrnehmen, sind nur Projektionen deines Bewusstseins! Das ist
von überaus wichtiger Bedeutung!

» *Alles ist zu Beginn schwer.*
Alles wird aber mit zunehmender Dauer und Wiederholung
leichter und einfacher. Nur weiß das der Verstand zu Beginn
seiner Reise in neue Gebiete nicht. Das erwachsene Bewusstsein weiß es aber aus Erfahrung und wendet es auf neue
Situationen an.

» *Nur weil du etwas im Außen wahrnimmst, heißt es noch lange*
nicht, dass du es bist oder dich damit identifizieren musst.
Du hast es lediglich registriert. Nun aber hast du die Möglichkeit, es durch deinen „Wächter vor dem Tor" laufen zu
lassen und dich weiterhin damit zu befassen oder es als das
anzusehen, was es ist, um es anschließend zu transformieren
oder zu ignorieren. Jede Situation im Außen gibt dir über den
Verstand (den Wächter) die Möglichkeit der Korrektur, der
Annahme oder der Ablehnung.

» *Schöpfung ist zum größten Teil unterbewusst.*
Das ist aus dem einfachen Grund so, weil Schöpfung zuver-

lässig sein muss. Sonst können keine Strukturen geschaffen werden, die Bestand hätten. Daher *muss* der Schöpfungsprozess unterhalb des Wachbewusstseins ablaufen, weil dieses immer zwei-deutig ist, was pures Gift für die Verwirklichung ist. Diese muss nämlich *ein-deutig* sein!

Wahrer Erfolg geschieht mit zunehmender Leichtigkeit und ohne große gedankliche Anstrengung. Der gesamte Bewusstwerdungsprozess, der im Master Key System von Charles Haanel so hervorragend erläutert und durch Übungen zementiert wird, zielt darauf ab, den Verstand zu befreien.

Aufgrund deines eigenen Wahrheitsverständnisses erschaffst du wahre Gedanken, die sich in wahren Worten und somit in wahren Gefühlen und Handlungen äußern. Und wo Wahrheit besteht, ist kein Platz für Fehler. Somit auch nicht für Zweifel und dadurch auch nicht für harte Verstandesarbeit. Du verstehst!

» *Ewige Aufmerksamkeit ist der Preis des Erfolges.*
Aufgrund der Tatsache, dass deine Sinne auf Unterschiede reagieren, aber auch, weil die zahlreichen, auf uns wirkenden Zyklen immer wieder verschiedenartiger Natur sind, wirst du immer irgendetwas Unstimmiges oder Negatives wahrnehmen. Genau dann aber ist es an dir, das entsprechend einzuordnen, zur Not zu transformieren, aber eben auch zu wissen, dass auch diese Qualität zeitlich begrenzt ist.

» *Beim Erfolg geht es um Dauerhaftigkeit und Beständigkeit.*
Das, was schnell gekommen ist, geht auch meistens wieder schnell. Wenn du aber ein Erfolgsbewusstsein hast, dann kann es zwar sein, dass dir Dinge genommen werden, du sie dir aber anschließend neu erschaffst. Andere würden am Verlust zugrunde gehen, weil sie einerseits die Situation nicht einschätzen können, andererseits auch durch ihre Negativität (und somit Empfänglichkeit) nicht die Fähigkeit haben, Neues zu erschaffen.

» *Erfolg hat nichts mit anderen zu tun.*
Deine gesamte Entwicklung hat allein was mit dir zu tun. Du musst keinem etwas beweisen, zeigen, heimzahlen oder sonst noch was. Es geht hier allein um dich und deine Entwicklung zu einem reifen, weisen, besonnenem und souveränem Wesen. Je besser du dich (er-)kennst, desto schneller wird dir auch klar, warum du hier auf Erden bist und welche Art von Arbeit dir die größte Freude macht und Erfüllung bereitet. Und wenn du meinst, damit kein Geld machen zu können und somit nicht erfolgreich zu sein, dann wisse, dass auch das nur ein fehlerhaftes Bewusstseinskonstrukt ist. Nur dann, wenn du es anders siehst, kann und wird es sich für dich verwirklichen. Und ja, das ist Gesetz.

» *Du bist nicht allein.*
Überall gibt es Hilfe für deine Aufgaben und Herausforderungen. Nur bedarf es dazu auch deiner Anerkennung dieser Tatsache.

Deine Ernährungstipps

» *Beim Aufstehen, trinke einen guten Liter frisches, reines und energiereiches Wasser. Zimmertemperatur, nicht kalt.*
Diese Routine hilft dir, Gift- und Schlackenstoffe, die sich während der Nacht angesammelt haben, auszuleiten. Du wirst dich schnell von dem Nutzen dieser Angewohnheit überzeugen.

» *Trinke so wenig wie möglich Kaltgetränke.*
Anstatt Alkohol, trinke Kräutertee oder einfach nur ein heißes Glas Wasser mit Zitrone. Das hat eine sehr wohltuende Wirkung aufs System. Achte auch auf den pH Wert des Wassers. Ein pH Wert von ca. 7 ist neutral, darüber basisch. Alles unterhalb von 6 darf als sauer angesehen werden.

» *Wenn du Wasser trinkst, versehe es mit Gedankenenergie der Gesundheit, der Fülle und des Glücks. Wiederhole das bei jeder sich bietenden Gelegenheit.*
Die Absicht bestimmt die Aufmerksamkeit. Hier hast du eine wunderbare Möglichkeit, etwas Materielles mit neuen Informationen zu versehen, während es du deinem Körper zuführst.

» *Iss morgens frisches Obst, möglichst bio-organisches, am besten das aus eigenem Garten. Ansonsten wasche es gut ab, damit mögliche chemische Reststoffe entfernt werden.*
Viele Menschen haben durch eine überwiegend rohe Ernährung Krankheiten besiegt und ihre Gesundheit wiederhergestellt. Mach dich schlau.

» *Halte dich von Fleisch fern, auch wenn es zu Beginn schwer fällt.*
Du brauchst sie zur Ernährung nicht. Das in Fleisch vorhandene Vitamin B12 kann auch durch andere Quellen bereit gestellt werden. Außerdem belastet die traditionelle Tierhaltung die Umwelt, geschweige denn der Umgang mit diesen Lebewesen – von der Geburt, über die Haltung bis zum Tag des Schlachtens. Informiere dich.

» *Lass die regelmäßigen Mahlzeiten öfter mal ausfallen.*
Ernähre dich einfach nur von gesunden Snacks wie z.B. Beeren und Nüssen, sowie Gemüse oder Legumen. Der Körper gewöhnt sich dann nicht an bestimmte Abläufe, sondern muss sich auf die jeweilige Situation einstellen.

» *Kaue jeden Happen gründlich – dh. ca. 40 Mal – durch, bevor du ihn schluckst. Ja, richtig, 40 Mal!*
Verdauung beginnt im Mund. Vor allem benötigst du nur einen Bruchteil der Nahrungsmenge. Das wiederum hat Auswirkungen auf deine Verdauung und deinen Geldbeutel – sowohl kurz- als auch langfristig.

» *Richte zwischendurch immer mal wieder einen Fastentag ein.*
Erfolg beginnt auch damit, dass du alte Gewohnheiten brichst. Fasten ist wohl das älteste bekannte Heilmittel. Du kannst diesen Fastentag mit Familie oder Freunden machen, aber auch ganz allein. Dann hast du nämlich die Gelegenheit, dir über aufkommende Gefühle Gedanken zu machen und sie dadurch zu harmonisieren.

» *Iss abends nur noch leichte Kost – die Verdauung wird dann heruntergefahren - und so etwas wie Fleisch oder Pasta liegen dir schwer im Magen.*

Mache dich mit deiner Organuhr vertraut. Siehe dazu das Buch „Biotop Mensch" (www.biotop-mensch.com)

» *Achte auf deinen Basenhaushalt.*
Von Krebs nimmt man z.B. an, dass er sich in einem sauren Milieu sehr wohl fühlt und ausbreitet. Es gibt über basische Nahrungsmittel hinaus auch noch basisches Mineralpulver, das abends besonders gut wirkt.

» *Reinige regelmäßig deinen Darm.*
Dein Darm ist der Punkt, wo Nahrung zu Körperenergie wird. Ist er verschmutzt oder belastet, spielt es keine Rolle, wie du dich ernährst oder was du an zusätzlichen Mitteln aufnimmst. Sie werden ungenutzt ausgeschieden – ein oftmals teures Vergnügen.

» *Mache Fastenkuren.*
Diese mögen für den westlichen Menschen fremd erscheinen. Ihr Wirken ist aber über jeglichen Zweifel erhaben. Gehe dazu noch regelmäßig in die Sauna und lasse dich massieren. Mache auch Lymphdrainagen, denn in der Lymphe sammeln sich Giftstoffe an, die eine solche Drainage entfernen würde.

» *Reinige Leber und Niere*
Mehr dazu findest du ebenso in den Büchern auf www.biotop-mensch.com. Du kannst dir die dazu benötigten Reinigungsgetränke selber herstellen. Sie kosten wenig, sind unkompliziert und haben dennoch eine herausragende Wirkung. Erinnere dich: du benötigst diese Energie für deinen Erfolg, auch für den finanziellen.

Tue all das immer in freudiger Erwartung. So beeinflusst du das Ergebnis vorweg durch deine Geisteshaltung.

DEINE KRAFT- UND AUSDAUERTIPPS

» *Mache einige Übungen direkt nach dem Aufstehen.*
Bringe somit den Körper gleich in Schwung. Wenn du nicht eh schon einen sportliche Routine hast, der du morgens nach-

gehst, dann hüpfe einige Minuten auf der Stelle, dehne und strecke dich, ziehe Grimassen, klopfe deinen Körper sanft ab und tue das mit Freude und Genuss.

» *Achte auf deine Atmung.*
Lege jedes Mal, wenn du dir der Atmung bewusst wirst, eine kleine Pause ein und praktiziere rhythmische Tiefenatmung. Das Atmen ist absolut essenziell. Ohne Atmung gäbe es nichts! Es gibt in Charles Haanels Buch „Die erstaunlichen Geheimnisse der Yogis" zahlreiche äußerst nützliche Atem- übungen, die du dir zu eigen machen kannst. Unterschätze die Atmung bitte nicht! Sie hilft dir vor allem in vermeintlich stress- vollen Situationen, die Haltung zu bewahren.

» *Belege – falls noch nicht geschehen – Yoga Kurse oder führe sie daheim durch.*
Sie helfen dir, die Verbindung zwischen Geist und Körper noch besser zu verstehen und zu nutzen. Die Übungen wirken sich auf vielfältige Weise auf dein Wohlbefinden aus. Sie geben dir Kraft und Beweglichkeit. Darüber hinaus hilft dir ein Ver- ständnis der Yoga Philosophie bei deiner Bewusstwerdung. Vor allem erlernst du dadurch verschiedene Atemübungen, die bei der Manifestation deiner Wünsche unterstützend wirken.

» *Binde die „5 Tibeter" Übungen mit in deine sportliche Routine ein.*
Die „5 Tibeter" sind Körperübungen, für die weder Geräte noch eine besondere Ausstattung benötigt wird. Diese Yoga-ähn- lichen Übungen helfen bei dem Balancieren deiner Chakren, stärken deinen Körper und machen dich ebenfalls sehr beweg- lich. In dem dazu erschienen Buch wird diesen Übungen eine stark verjüngende Wirkung nachgesagt, aber finde es einfach für dich selbst heraus.

» *Betreibe Muskelaufbau*
Hier sind u.a. die Geräte der Koelbel Trainingsforschung aus Hannover äußerst effektiv. Trainiere damit jeden zweiten Tag für ca. 20 Minuten. Mehr ist nicht unbedingt besser.

Bedenke hier, dass sich die Muskulatur nicht nur auf dein Skelettsystem auswirkt, sondern auch auf die Organe. Starke Arme unterstützen z.B. das Herz, und gut entwickelte Bauchmuskeln unterstützen die Verdauung. Darüber hinaus verbrennen wohlgeformte Muskeln Kalorien, lassen dich gut aussehen und gut fühlen. Und vor allem wenn du chronologisch älter wirst – und das tun wir alle –ist es von zunehmender Bedeutung, deine Muskulatur aufrecht zu erhalten, denn Krankheit und Tod stehen oft mit all dem in Zusammenhang.

» *Schreibe dir auf oder halte dir deine Fortschritte im Bewusstsein.* Gehe beim nächsten Mal über deine Grenzen hinaus. Jeder Schritt voran wird dir hoch angerechnet. Das ist u.a. das Wachstum, das dich an das Ziel deiner Träume bringt, während du aber schon jeden Schritt auf dem Weg dorthin genießt und wert schätzt. Die Fortschritte, die du an deinem Körper erkennst, geben dir Kraft und Mut, auch andere Projekte anzugehen, ganz gleich, ob privater oder beruflicher Natur.

» *Konzentration während des Ausdauertrainings* Die rhythmische Natur des Ausdauertrainings hilft dir dabei, gedanklich abzuschalten und dich auf eine bestimmte Sache zu fokussieren. So kannst du wirklich im Objekt deiner Begierde aufgehen. Das bedarf natürlich Übung und Wiederholung, ist aber deiner allgemeinen Konzentrationsfähigkeit sehr zuträglich.

DEINE VISUALISIERUNGSTIPPS

» *Siehe dich in Licht gehüllt und stets geschützt.* In der Hierarchie der Wesenheiten steht das Licht als erste Emanation der Göttlichkeit. Daher hilft dir die Visualisierung, dich in Licht und Liebe eingehüllt zu sehen, einen sicheren Raum um dich herum zu schaffen. Du kannst dir auch vorstellen, dass du dich in einer Blase befindest, die alle negativen, äußeren Einflüsse von dir fern hält. Diese geistige Verbindung „nach oben" ist für deine weitere Entwicklung unabdingbar. Du erkennst dadurch nämlich an, dass es „außerhalb" von dir noch andere Ebenen gibt, die weiser und machtvoller sind, ohne dich dabei aber in irgendeiner Weise zu herabzusetzen.

» *Rufe ruhig die höheren Kräfte an, um dir wohlwollend zur Seite zu stehen.*
Du bist ein Teil einer Hierarchie von Wesenheiten, sowohl unterhalb als auch oberhalb von dir. Die oberhalb von dir besitzen höhere Kräfte als du. Rufe sie an, um dir zur Seite zu stehen. Diese Anrufung kann ganz allgemein ausfallen, aber wenn du magst, kannst du unter dem Thema „Aufgestiegene Meister" mehr erfahren.

» *Beginne mit kleinen Objekten, die du dann immer größer machst, auch wenn sie dann unwirklich erscheinen. All das schult deine Vorstellungskraft.*
Stell dir z.B. eine 2-Euro Münze vor. Lasse sie dann immer größer werden. So groß wie eine Hand, ein Fußball, ein Fußballstadion, die Erde, das Sonnensystem etc. Schrittweise kannst du dir immer mehr vorstellen, aber eben auch abstrakte (für den Verstand nicht direkt greifbare) Dinge. Das trifft nämlich auf all das zu, was du noch verwirklichen möchtest, wie z.B. Gesundheit, mehr Fülle oder mehr Liebe. All das scheint abstrakt oder weit weg zu sein. Mit solchen Übungen holst du diese Dinge näher an dich heran.

» *Setze keine Grenzen. Lasse alles möglich sein. Das, was du dir wünschst, war dir bislang auch nicht möglich. „Unverhofft kommt oft." Du weißt, was das in diesem Zusammenhang bedeutet.*
Sage dir stets: „Ja, auch das ist möglich. Ja, auch das kann sich für mich verwirklichen." Bleibe in deinen Aussagen immer positiv. Selbst wenn du jetzt noch kein genaues Bild von deinem Wunsch hast, sondern nur eine grobe Idee, richte deine Gedanken immer auf das auf, was möglich ist.

» *Bereite geistig deiner Intuition einen wohligen Empfang. Du willst dich mehr und mehr darauf, und weniger auf deinen Verstand verlassen.*
Genau darum geht es bei der Bewusstseinsentwicklung. Du willst raus aus dem Gehirn und rein ins Bauchhirn. Du willst

intuitiv und automatisch die richtigen Entscheidungen treffen, ohne darüber erst nachzugrübeln, abzuwägen, etc. Daher affirmiere deine bewusste Verbindung mit deiner Intuition, so paradox sich das auch anhören mag. Stelle dir aber auch vor, wie sich dir deine Intuition immer öfter zeigt, und wie du genau das mittels des Verstandes *wahr-nimmst* und *wert-schätzt* und somit dafür *dank-bar* bist.

» *Stelle dir vor, wie du in der Stille mit der Erdfrequenz verbunden wirst, gefüllt mit neuen, nützlichen Informationen und Hinweisen.* Wie du gelesen hast, gehst du in der Meditation eine Verbindung zur Erdfrequenz ein. Nun stelle dir vor, wie sich dein Kronenchakra öffnet und du mit Licht und Liebe durchflutet wirst. Sie sind die Grundlage für deinen Lebenserfolg, weil alles aus ihnen entstammt.

» *Lenke deine Aufmerksamkeit umgehend auf das positive Gegenteil, wenn dir ein negativer Gedanke auffallen sollte.* Das ist das A und O des Gewahrseins und der Bewusstseinsentwicklung. Das Erkennen von energetischen Konstrukten wie Gedanken, Gefühlen oder Handlungen, die einem nicht dienlich sind. Nehme sie an, integriere sie, wandle sie dadurch in ihr Gegenteil um und heile somit dich, wie auch den oder das, mit dem dieses Konstrukt in Verbindung steht, sei es ein Familienmitglied, der Chef auf der Arbeit oder auch eine gewöhnliche Situation im Straßenverkehr, auf der Bank, mit dem Finanzamt oder im Gespräch mit einer Freundin über eine andere Person.

Dasselbe gilt für Gesundheitszustände, finanzielle Fülle oder Beziehungsangelegenheiten. Gerade weil der Verstand über Unterschiede funktioniert und dir die unharmonischen zwecks Heilung ins Bewusstsein ruft, ist es so wichtig, diese gegenwärtigen Auswirkungen als sekundär (d.h. verursacht) zu erkennen. Mit einer neuen (primären) Ursache kann sich dann auch eine andere Auswirkung zeigen. Auf gut Deutsch: Wenn du dich weiterhin vom Ist-Zustand blenden lässt, hält dich das von einer neuen Verwirklichung fern. Und das ist Gesetz, weil Energie Aufmerksamkeit folgt, ganz gleich in welche Richtung.

DEINE DANKBARKEITSBEKRÄFTIGUNGEN

» Ich bin dankbar, dass ich am (im) Leben bin.

» Ich bin dankbar, dass ich denken und verstehen kann.

» Ich bin dankbar, dass ich mich auf die Schöpfungsgesetze verlassen kann.

» Ich bin dankbar, dass ich von anderen Menschen geliebt und
auf meiner Erfolgsreise unterstützt werde.

» Ich bin dankbar für die vielen Synchronizitäten in meinem Leben.

» Ich bin dankbar für alles noch so Kleine und scheinbar Unbe-
deutende.

» Ich bin dankbar, dass es wieder ein wunderschöner Tag war,
an dem ich mich weiterentwickelt habe.

» Ich bin dankbar für all diejenigen, die mir durch ihr negatives
Verhalten aufzeigen, dass ich an mir weiterarbeiten muss.

» Ich bin dankbar für all diejenigen, die mir durch ihr positives
Verhalten zeigen, dass ich den richtigen Weg eingeschlagen
habe.

» Ich bin dankbar für meinen Erfolg und all das Gute, das dieser
Erfolg mit sich bringt.

NACHWORT

Du hast von mir nun ausreichend Anregungen erhalten und Informationen vermittelt bekommen. Nun kannst du mutig und im Vertrauen von einem Erfolg zum nächsten schreiten.

Ich habe sowohl auf weiteres Buchmaterial verwiesen, als auch auf YouTube Videos. Das war jedoch nur ein kleiner Vorgeschmack von dem, was jetzt, in dieser Minute, alles vorhanden ist – kostenlos oder gegen eine geringe Gebühr.

Aber, Geld ist nicht alles, und billig heißt nicht automatisch gut. Gute Dinge kosten oft mehr. Wenn dir jemand ein Automobil der Luxusklasse für lau anbietet, schnappst du ja auch nicht gleich zu, sondern betrachtest das Angebot erst einmal argwöhnisch. Das ist auch gut so, denn in dir drin entstand umgehend eine Missstimmung zwischen dem Angebotspreis und der Sache selbst.

Leider ist es in der heutigen Gesellschaft aber oft so, dass Dinge nicht mehr wertgeschätzt werden. Auch das ist nur Bewusstsein. Derjenige, der nichts wirklich wertschätzt, hat ein entsprechendes Bewusstsein. Seine mangelnde Wertschätzung macht somit auch nicht vor ihm halt. Dadurch ist Misserfolg natürlich vorprogrammiert. Zum Schluss also erneut der Hinweis auf Aufmerksamkeit, Inanspruchnahme, Wertschätzung und vertrauensvolle Verbindung anstatt eigensinniger Trennung.

Achte also nicht immer aufs Geld. Erfolgreiche Menschen sind oft spendabel, aber auf jeden Fall wertschätzend. Sie wissen, dass sie Geld haben, und machen sich keine Gedanken Schätze die Werte,

die andere Menschen geschaffen haben, und es wird zu dir zurück-
kehren. Geiz ist alles andere als geil. Lass dir das gesagt sein.

Mache es dir ebenso zur Angewohnheit, dich mit feinen Dingen zu
umgeben, jedoch nicht zu überfluten. Jede Sache oder Angelegenheit
zieht Beachtung auf sich und somit deiner Zeit.

Nun aber wünsche ich dir auf deiner Reise viel Erfolg. Ich sehe
ihn schon kommen, denn die letzten Puzzlestücke sind jetzt auch
vorhanden, und nichts außer dir selber hält dich vom Erfolg ab.

Erinnere dich aber stets daran, dass ein Buch dir die Worte und
Energie eines anderen vermittelt, wahre Meisterschaft und wahrer
Erfolg aber nicht durch das alleinige Lesen eines Buches kommen.
Sie kommen durch Mut und Tatendrang. Sie kommen durch aktive
Verwirklichung. Dann sprichst mit der Autorität eines Meisters und
hältst das Zepter der Macht in der Hand, um mit Charles Haanels
Worten zu schließen. Dann erkennst du die Meister, und die Meister
erkennen dich. Dann erkennst du die, die erfolgreich sind, und sie
wiederum erkennen dich.

Sei dankbar. Sei demütig. Gehe in Frieden. Habe Erfolg ohne Ende,
genieße jede einzelne Minute davon, und dann teile ihn mit so vielen
Menschen wie möglich! Auch und gerade dadurch wird er sich
vermehren.

HELMAR RUDOLPH

AUSDEHNEN

Zur Vereinfachung sind hier alle zuvor erwähnten Bücher und Webseiten mit ihren URLs aufgeführt. Ich wünsche viel Freude und neue Erkenntnisse beim Anschauen, Lesen, Hören und Teilnehmen.

- **Adizes, Ichak**
  http://www.adizes.com
- **Alles. Einfach. Jetzt.**: Die Webseite zum Buch
  http://www.alles-einfach-jetzt.de
- **Bentov, Itzhak**: Auf der Spur des wilden Pendels
  http://amzn.to/14Pcxpl
- **Die Drei Eingeweihten**: Das Kybalion
  http://bit.ly/ZEm6G9
- **Dr. Demartini, John**: Wie Visionen wahr werden
  http://amzn.to/15ly4CD
- **Haanel, Charles**: Die erstaunlichen Geheimnisse der Yogis
  http://bit.ly/X0Hl3p
- **Haanel, Charles**: Ein Buch über Dich
  http://bit.ly/YWBETw
- **Haanel, Charles**: Das Master Key System
  http://bit.ly/YWC507
- **JezebelDecibel / Jandy Rainbow**
  http://www.youtube.com/user/jezebeldecibel
- **Koelbel Trainingsforschung**
  http://bit.ly/isokinator

- **Lipton, Bruce:** Intelligente Zellen
  http://amzn.to/10xnTOy
- **MountainMystic9**
  http://www.youtube.com/user/mountainmystic9
- **Mr. Master Key Webseite**
  http://www.mrmasterkey.com
- **Mr. Master Key Youtube Kanal**
  http://www.youtube.com/user/mrmasterkey
- **Ophiel:** The Art and Practice of Getting Material Things through Creative Visualisation
  http://amzn.to/VXSdmt
- **Ra:** The Law of One
  http://amzn.to/ZcO100
- **Rudolph, Helmar:** Ich bin erfolgreich | Ursache & Wirkung
  http://www.youtube.com/watch?v=BDA0zXOdIQg
- **Schneider, Gunther:** Biotop Mensch
  http://www.biotop-mensch.com/
- **The Work of Byron Katie**
  http://www.thework.com/
- **Woltersdorf, Hans-Jürgen:** Denn der Geist ist's, der den Körper baut
  http://amzn.to/2abaMSd

NOTIZEN